NORMOPATIA
Sobreadaptação e Pseudonormalidade

COLEÇÃO "CLÍNICA PSICANALÍTICA"
TÍTULOS PUBLICADOS

1.	Perversão	Flávio Carvalho Ferraz
2.	Psicossomática	Rubens Marcelo Volich
3.	Emergências Psiquiátricas	Alexandra Sterian
4.	Borderline	Mauro Hegenberg
5.	Depressão	Daniel Delouya
6.	Paranoia	Renata Udler Cromberg
7.	Psicopatia	Sidney Kiyoshi Shine
8.	Problemáticas da Identidade Sexual	José Carlos Garcia
9.	Anomia	Marilucia Melo Meireles
10.	Distúrbios do Sono	Nayra Cesaro Penha Ganhito
11.	Neurose Traumática	Myriam Uchitel
12.	Autismo	Ana Elizabeth Cavalcanti
		Paulina Schmidtbauer Rocha
13.	Esquizofrenia	Alexandra Sterian
14.	Morte	Maria Elisa Pessoa Labaki
15.	Cena Incestuosa	Renata Udler Cromberg
16.	Fobia	Aline Camargo Gurfinkel
17.	Estresse	Maria Auxiliadora de A. C. Arantes
		Maria José Femenias Vieira
18.	Normopatia	Flávio Carvalho Ferraz
19.	Hipocondria	Rubens Marcelo Volich
20.	Epistemopatia	Daniel Delouya
21.	Tatuagem e Marcas Corporais	Ana Costa
22.	Corpo	Maria Helena Fernandes
23.	Adoção	Gina Khafif Levinzon
24.	Transtornos da Excreção	Marcia Porto Ferreira
25.	Psicoterapia Breve	Mauro Hegenberg
26.	Infertilidade e Reprodução Assistida	Marina Ribeiro
27.	Histeria	Silvia Leonor Alonso
		Mario Pablo Kuks
28.	Ressentimento	Maria Rita Kehl
29.	Demências	Delia Catullo Goldfarb
30.	Violência	Maria Laurinda Ribeiro de Souza
31.	Clínica da Exclusão	Maria Cristina Poli
32.	Disfunções Sexuais	Cassandra Pereira França

33. Tempo e Ato na Perversão — Flávio Carvalho Ferraz
34. Transtornos Alimentares — Maria Helena Fernandes
35. Psicoterapia de Casal Purificacion — Barcia Gomes e Ieda Porchat
36. Consultas Terapêuticas — Maria Ivone Accioly Lins
37. Neurose Obssesiva — Rubia Delorenzo
38. Adolescência — Tiago Corbisier Matheus
39. Complexo de Édipo — Nora B. Susmanscky de Miguelez
40. Trama do Olhar — Edilene Freire de Queiroz
41. Desafios para a Técnica Psicanalítica — José Carlos Garcia
42. Linguagens e Pensamento — Nelson da Silva Junior
43. Término de Análise — Yeda Alcide Saigh
44. Problemas de Linguagem — Maria Laura Wey Märtz
45. Desamparo — Lucianne Sant'Anna de Menezes
46. Transexualismo — Paulo Roberto Ceccarelli
47. Narcisismo e Vínculos — Lucía Barbero Fuks
48. Psicanálise da Família — Belinda Mandelbaum
49. Clínica do Trabalho — Soraya Rodrigues Martins
50. Transtornos de Pânico — Luciana Oliveira dos Santos
51. Escritos Metapsicológicos e Clínicos — Ana Maria Sigal
52. Famílias Monoparentais — Lisette Weissmann
53. Neurose e Não Neurose — Marion Minerbo
54. Amor e Fidelidade — Gisela Haddad
55. Acontecimento e Linguagem — Alcimar Alves de Souza Lima

Coleção Clínica Psicanalítica
Dirigida por Flávio Carvalho Ferraz

NORMOPATIA
Sobreadaptação e Pseudonormalidade

Flávio Carvalho Ferraz

Casa do Psicólogo®

© 2002, 2011 Casapsi Livraria e Editora Ltda.
É proibida a reprodução total ou parcial desta publicação, para qualquer finalidade,
sem autorização por escrito dos editores.

1ª Edição
2002

2ª Edição
2005

1ª Reimpressão
2011

Editores
Ingo Bernd Güntert e Juliana de Villemor A. Güntert

Assistente Editorial
Aparecida Ferraz da Silva

Editoração Eletrônica
Sergio Gzeschenik

Produção Gráfica
Fabio Alves Melo

Revisão
Luciano Torres

Projeto Gráfico da Capa
Yvoty Macambira

Dados Internacionais de Catalogação na Publicação (CIP)
(Câmara Brasileira do Livro, SP, Brasil)

Ferraz, Flávio Carvalho
    Normopatia : sobreadaptação e pseudonormalidade / Flávio
Carvalho Ferraz. -- São Paulo : Casa do Psicólogo®, 2011. -- (Coleção
clínica psicanalítica ; 18 / dirigida por Flávio Carvalho Ferraz)

    1ª reimpr. da 2. ed. de 2005.
    Bibliografia.
    ISBN 978-85-7396-175-1

    1. Psicanálise 2. Psicopatologia I. Título. II. Série.

10-13910   CDD-150.195

Índices para catálogo sistemático:
1. Normopatia : Clínica psicanalítica : Psicologia 150.195

Impresso no Brasil
Printed in Brazil

As opiniões expressas neste livro, bem como seu conteúdo, são de responsabilidade de seus autores,
não necessariamente correspondendo ao ponto de vista da editora.

Reservados todos os direitos de publicação em língua portuguesa à

Casapsi Livraria e Editora Ltda.
Rua Santo Antônio, 1010
Jardim México • CEP 13253-400
Itatiba/SP – Brasil
Tel. Fax: (11) 4524-6997
www.casadopsicologo.com.br

Sumário

AGRADECIMENTOS 9

PREFÁCIO: "ENTRE *ORTHOS* E *PATHOS*",
POR *DECIO GURFINKEL* 11

1 - CONSIDERAÇÕES SOBRE O TERMO E O CONCEITO DE *NORMOPATIA* 25

2 - RAÍZES FREUDIANAS DA NOÇÃO DE *NORMOPATIA* 45

3 - DESENVOLVIMENTOS CONCEITUAIS PSICANALÍTICOS RUMO À
NORMOPATIA 65
A contribuição da escola psicossomática de Paris 65
O "antianalisando" de Joyce McDougall.....................................73
A "doença normótica" de Christopher Bollas 84
O "paciente de difícil acesso" de Betty Joseph 95

4 - CASOS CLÍNICOS 105

5 - QUESTÕES CLÍNICAS E ÉTICAS 131

6 - NORMOPATIA, SOCIEDADE E SOCIEDADES PSICANALÍTICAS 155

REFERÊNCIAS BIBLIOGRÁFICAS 177

Agradecimentos

A Ana Maria Sigal, pelo carinho, pelo estímulo e pelos livros;

a Decio Gurfinkel, de quem primeiro ouvi sobre a ideia de "normopatia";

a Helena Maria Carvalho Ferraz, pela rigorosa revisão dos originais, como sempre;

a Lucía Barbero Fuks, pelo acompanhamento de minha trajetória e pelas parcerias;

a Mário Eduardo Costa Pereira, pelas boas ideias;

a Paulo Roberto Ceccarelli, que tirou minhas dúvidas junto a Joyce McDougall;

a Renata Udler Cromberg, pela troca constante;

a Sidnei José Cazeto, modelo de rigor e seriedade no trabalho intelectual;

a Tales Ab'Saber, por todas as conversas e, particularmente, pela indicação do comentário de Jung sobre a "doença da normalidade";

a Wilson de Campos Vieira, que me apresentou a psicossomática francesa.

Prefácio:
"Entre *orthos* e *pathos*"

Este livro de Flávio Carvalho Ferraz caracteriza-se pela ousadia e pelo risco. A ousadia e a assunção de um risco são decorrentes da proposição de um quadro psicopatológico – a normopatia – que não faz parte das estruturas clínicas clássicas e que não foi ainda suficientemente consagrado na literatura psicanalítica. Trata-se, portanto, de uma inovação, mas que, no entanto, se apoia em algumas linhas de força da psicanálise pós-freudiana.

Diante da proliferação de "etiquetas da moda" da psicopatologia – tão frequentes na psiquiatria de hoje, mas muitas vezes adotadas de modo acrítico pelos próprios psicanalistas–, algumas *exigências* se fazem necessárias quando se propõe um quadro clínico para a psicopatologia psicanalítica. Ainda que partamos de uma descrição fenomenológica do quadro, em que sintomas, modos de apresentação ou traços de caráter podem ser reconhecidos – e este foi também o ponto de partida de Freud ao abordar a psiconeurose –, faz-se necessário um salto de qualidade decorrente de um pensar clínico que parte da hipótese do inconsciente: qual é o sentido estrutural deste conjunto sindrômico de fenômenos observáveis a olho nu, qual é o sentido latente deste manifesto, que configuração psíquica peculiar (conjunto de angústias, mecanismos de defesas, impulsos e fantasias subjacentes) determina tal "síndrome", o que se encontra abaixo da ponta deste suposto *iceberg*? Convido o leitor a um olhar crítico que busque observar no trabalho de Ferraz o cumprimento desta exigência.

O mérito do trabalho se encontra em duas dimensões principais. Em primeiro lugar, Ferraz nos proporciona uma organização e uma apresentação de conjunto do tema que é, em si mesma, preciosa. Para tanto, fez-se necessário, por parte do autor, uma leitura e um "trabalho de costura" na história das ideias em psicanálise – depreendidas da literatura psicanalítica disponível – bastante complexos, que implicou um espírito de pesquisa e um olhar imparcial diante da diversidade de autores. Observa-se, aqui, a vocação "não regionalista" do autor, assim como a sua preocupação em inserir a produção da psicanálise nacional no tronco geral da psicanálise mundial. Esta preocupação já é conhecida do público mais atento, que pôde observar no espírito da *Coleção "Clínica Psicanalítica"*, dirigida por Ferraz, o mesmo princípio organizador; ao examinarmos as *Referências bibliográficas* do presente livro, este espírito é facilmente reconhecível. Trata-se, em suma, de um convite ao diálogo, tanto em relação à comunidade psicanalítica mais próxima quanto ao movimento psicanalítico em geral.

Em segundo lugar, e a partir deste trabalho de organização e "costura", deparamo-nos com a contribuição do próprio autor ao tema. Mesmo diante das limitações inerentes aos objetivos da presente Coleção, Ferraz nos traz algumas sugestões preliminares sobre como definir, compreender a trabalhar clinicamente com a normopatia, assim como um retrato expressivo de sua própria experiência clínica neste campo, somando-se ao conjunto de analistas que têm contribuído para a construção desta categoria psicopatológica.

"A normopatia é uma formação decorrente de processos defensivos contra o risco de sérias desorganizações, sejam psíquicas, sejam somáticas, para as quais o analista deve ter especial atenção. Sua abordagem clínica requer cuidados especiais". Partindo desta definição preliminar de normopatia, Ferraz já aponta para a base do *iceberg*: o raciocínio do psicanalista parte da constatação da defesa e busca descobrir a angústia. Qual é a desorganização evitada, qual é o colapso temido, e de que natureza é a angústia que subjaz a esta organização de defesa? Ferraz encerra o primeiro capítulo do livro com o instigante relato de uma primeira experiência de encontro do analista com o normopata, vivida na pele da contratransferência por Jung. Aqui acompanhamos a descoberta da psicose latente subjacente em um indivíduo que se autointitula "normal" – normal em demasia, normal por doença, normal por defesa. O pânico e a percepção de risco iminente – o medo do colapso – é vivido, curiosamente, primeiro do lado do analista, que se encontra, ainda, pouco instrumentalizado para operar clinicamente com a situação. Devemos a Jung, portanto, a primeira lição – a de que o medo do colapso, no caso da normopatia, pode emergir no início do lado do analista – assim como devemos a ele a ousadia de pioneiro, que se fez cobaia e registrou sua experiência nos anais da história da psicanálise, como outros tantos "médicos loucos".

No segundo capítulo, Ferraz realiza um retorno a Freud tendo em mente a questão da normopatia. A genial fórmula freudiana da saúde mental ou do bem viver – a possibilidade de realização no amor e no trabalho – é reexaminada de maneira crítica. A capacidade para amar e trabalhar não significa sub-missão ao outro (objeto de amor) e ao corpo social; deve haver, pelo menos, uma formação de compromisso entre o Eu e o outro, entre prazer e realidade. Hiper-realidade e sobreadaptação nada têm a ver com este critério de saúde. Amar e trabalhar implicam a preservação do prazer – seja no exercício da sexualidade, seja pela sublimação –, da fantasia e, sobretudo, da arte de viver. A passagem do princípio do prazer ao princípio da realidade nunca foi uma meta absoluta; não existe princípio da realidade sem princípio do prazer, mesmo porque, para Freud, o primeiro é tão somente uma modificação do segundo, que transforma seus meios mas conserva seus fins. Um princípio do prazer puro e absoluto seria, portanto, uma aberração e um desvio da natureza humana; Winnicott, aliás, chegou a dizer que o prin-cípio da realidade é, para o homem, sempre um insulto! Bem, partindo destas reflexões, Ferraz chega a uma formulação bas-tante esclarecedora: "o que ocorre na normopatia é, na verdade, uma cisão entre a realidade interna e a realidade externa, a primeira sendo praticamente suprimida e a segunda sobreinves-tida de modo compensatório. O sujeito perde o contato consigo mesmo, passando a funcionar à moda de um robô". Observamos, portanto, na normopatia, um extravio da dialética ou do delicado interjogo entre prazer e realidade. Ora, esta proposição que coloca em relevo o mecanismo da cisão já indica que nos encontramos em um campo clínico diferente daquele da psiconeurose, caracterizado pelo processo de recalcamento; aqui abre-se o caminho para uma significativa aproximação, realizada pelo autor, entre normopatia, processos de somatização e sintomas de pânico.

O capítulo seguinte nos mostra como a questão da normopatia tem estado presente, direta ou indiretamente, no horizonte de preocupações e de observações clínicas de diversos analistas pós-freudianos. A psicossomática psicanalítica da Escola de Paris contribuiu fundamentalmente com a sua "descoberta" de que nem sempre o sintoma tem um sentido, especialmente no caso das somatizações, muito frequentes em estruturas clínicas caracterizadas por um paulatino empobrecimento do funcionamento psíquico. Joyce McDougall, além de cunhar o termo "normopatia", denunciou a crise do dispositivo analítico quando confrontado com certos tipos clínicos, caracterizados pela impossibilidade de livre associação e pela recusa da alteridade; diante deles, o analista se vê mobilizado na sua contratransferência de maneira muito aguda e peculiar, já que despojado de seu próprio instrumental de trabalho. Bollas partiu, para compreender o "normótico", da postulação fundamental de Winnicott quanto ao valor positivo da ilusão na natureza humana: o viver criativo e o sentido da vida derivam da capacidade de sonhar e de brincar, ou seja, na fruição do espaço transicional. O normótico é sistematicamente avesso ao conteúdo subjetivo devido a um processo de des-simbolização relacionado, segundo Bollas, a um desenvolvimento parcial da capacidade de simbolização do *self*. Betty Joseph contribuiu, através de sua descrição do "paciente de difícil acesso", com a discussão dos problemas técnicos também apontados por McDougall, assim como com a importância do trabalho com a cisão do Eu nestes casos. É curioso notar como a clínica neokleiniana, sempre preocupada com a qualidade da comunicação emocional na transferência, tenha estado especialmente sensível ao drama do normopata, em contraste com certas abordagens psicanalíticas que tenderam para o intelectualismo. A apresentação de conjunto destas diversas contribuições, realizada por Ferraz de modo preciso e detalhado, é em si mesma um grande argumento, já que explicita como um "tipo" de paciente – e certas dificuldades clínicas comuns – estiveram presentes na experiência de analistas de formação e filiação diversas, conferindo maior consistência à proposição desta categoria psicopatológica.

Após este levantamento preliminar, o que encontramos no decorrer do livro é, cada vez mais, a contribuição própria do autor, desenvolvida a partir do quadro conceitual anterior e de sua experiência clínica.

Um capítulo inteiro é dedicado a vinhetas clínicas, na figura de quatro pacientes atendidos por Ferraz, o que possibilita um novo levantamento de questões. Reconhecendo uma pluralidade sintomática na normopatia, o autor toma como eixo comum entre os diversos pacientes a dificuldade de contato com a subjetividade, e como tarefa principal do analista fazer da sessão psicanalítica uma experiência afetiva. Margarida, a não-mudança em pessoa, reage a uma interpretação da transferência negativa com uma crise de bronquite; com Alberto, somos informados de como, por efeito da análise, podem emergir experiências traumáticas que a pseudonormalidade oculta. Este caso é especialmente interessante por descrever o surgimento, na análise, de uma vida onírica anteriormente inexistente – em uma espécie de "desobstrução" do mundo mental – e da possibilidade de análise *sob* transferência. Ora, o que nos sinaliza o sonhar e o não-sonhar? A questão já estava presente desde o paciente de Jung. Rodrigo ilustra bem o papel dos comportamentos automáticos na economia psicossomática, e Samira, de cinco anos, dá ao autor a oportunidade de observar, ao vivo, a gênese da organização normótica na primeira infância. O sintoma característico é, evidentemente, a impossibilidade de brincar, e a hipótese etiológica de Ferraz aponta dificuldades objetais precoces mantidas ao longo da infância, que levam a uma defesa radical: atacar a própria capacidade imaginativa.

Em seguida, Ferraz organiza em algumas páginas os principais problemas clínicos no manejo com o normopata. Aqui, muitos leitores encontrarão reflexões que falam à sua prática, e poderão se identificar com o autor nas agruras técnicas e éticas do dia-a-dia do trabalho analítico, estejam ou não atendendo normopatas *stricto sensu*. Quais são os objetivos gerais e especÍficos deste trabalho clÍnico? Há, em geral, demanda de análise? Se, muitas vezes, a procura do profissional se dá em um momento em que o equilíbrio do indivíduo mostra-se instável, a construção de uma demanda pode ser uma tarefa preliminar. Há que se enfrentar um "choque de universos" entre a hiperadaptação do normopata e a ética de "desnormalização" do psicanalista, este apaixonado, por natureza, pela vida imaginativa. O paradoxo inerente à clínica da normopatia é aquele entre o risco de ruptura e a exigência da análise; neste sentido, "o sonhar sinaliza a abertura para a experiência subjetiva necessária à cura, ao mesmo tempo que tem um caráter potencialmente enlouquecedor". A estratégia proposta por Ferraz inclui intervenções pouco interpretativas, mobilização do interesse pela vida onírica, caráter paulatino e cuidadoso – o "tato" de Ferenczi –, e o uso da contratransferência, especialmente como forma de "mostrar" ao paciente a vida afetiva e subjetiva do analista; através desta ousadia técnica, o analista se oferece como um objeto de identificação ao seu paciente, em uma espécie de iniciação, não na vida sexual, mas na vida subjetiva! Por fim, Ferraz retoma Dejours para descrever a dupla dimensão do trabalho analítico: a do *paraexcitação* e a do *enfrentamento*.

O último capítulo – uma espécie de adendo, e não por isto menos importante – discute, na verdade, duas questões: a relação entre normopatia e contexto cultural e os riscos da "normopatização" nas instituições e na formação analítica. Quanto à primeira, o autor assinala que vivemos em um meio social caracterizado pela atrofia da experiência, condição ótima para a proliferação de normopatas. Hipóteses semelhantes desenvolvidas por outros pensadores são aqui relembradas, com destaque especial para colegas de um círculo mais próximo; aqui, Ferraz parece estar sensível ao risco que corremos na comunidade analítica – e por ele mesmo apontado, a partir de P. -H. Castel – de um desinteresse dos homens uns pelos outros... Bem, se "o sentido da vida torna-se uma utopia agonizante em um mundo regido exclusivamente pelas leis do mercado", como praticar a psicanálise neste contexto? A que tudo indica, aqui estão os psicanalistas, novamente, na contramão da história...

Isto nos conduz à segunda questão: o risco de "normotização" do psicanalista devido à normalização da formação perpetrada pelas instituições psicanalíticas. Afinal, o feitiço não pode se voltar contra o feiticeiro? Retomando brevemente a história de banimento de dois ilustres desviantes – Ferenczi e Khan –, Ferraz sugere que o problema já está presente na própria seleção de candidatos a analistas, ato de extrema responsabilidade social realizado pelos analistas incumbidos da transmissão e da formação, e que pode ser conduzido por critérios estritos e esterilizantes de uma "normalidade" ideal. Neste caso, um "critério" pode ser o manifesto de uma eugenia latente e, portanto, a semente da morte da psicanálise e de sua ética plantada pelos próprios psicanalistas!

Entre *orthos* (norma) e *pathos* (paixão/doença): eis o campo das indagações de Flávio Carvalho Ferraz. Quem conhece seu trabalho e suas produções anteriores, sabe que esta preocupação não é de hoje. Em *A eternidade da maçã: Freud e a ética* (1994), a questão já está totalmente colocada, tanto no campo da cultura quanto no da psicopatologia. A perversão – o desvio por excelência no âmbito da sexualidade – é trabalhada na sua paixão e na sua dor em *Perversão* (primeiro volume desta mesma coleção), enquanto *Andarilhos da imaginação* (2000) descreve com poesia, beleza e acuidade clínica a vida de certos loucos de rua, livres da instituição psiquiátrica mas encarcerados na sua própria subjetividade. Estes loucos, no entanto, tiveram a sorte de ser de algum modo acolhidos por uma comunidade local pré pós-modernismo, e que pôde conservar a sabedoria da paixão ao lado de suas normas de sociabilidade. Foi neste caldo cultural e imaginário que nasceu o autor do presente livro.

Entre *orthos* e *pathos*: qual será o destino do sujeito humano, da cultura por ele criada e que o cria, da instituição psicanalítica – também criatura e criadora de seus pobres e ricos analistas, à sua imagem e semelhança –, assim como do impossível ofício de psicanalista?

Decio Gurfinkel
São Paulo, abril de 2002.

Em homenagem a Joyce McDougall

É possível a uma pessoa esquizoide ou esquizofrênica levar uma vida satisfatória e mesmo realizar um trabalho de valor excepcional. Pode ser doente, do ponto de vista psiquiátrico, devido a um sentido debilitado de realidade. Como a equilibrar isso, pode-se afirmar que existem pessoas tão firmemente ancoradas na realidade objetivamente percebida que estão doentes no sentido oposto, dada a sua perda do contato com o mundo subjetivo e com a abordagem criativa dos fatos.

D.W. Winnicott, *O brincar e a realidade*

1.

CONSIDERAÇÕES SOBRE O TERMO E O CONCEITO DE *NORMOPATIA*

É possível que o termo *normopatia* soe estranho à primeira escuta, pois carrega, em sua própria formação, dois elementos contraditórios: *normo* + *patia*. O resultado dessa combinação peculiar é uma palavra que quer dizer algo como "doença da normalidade". Mas como isto é possível, se normalidade é exatamente ausência de doença, patologia ou desvio? A fim de responder a esta pergunta, vamos começar nosso estudo procurando lançar alguma luz sobre este termo e o significado que ele adquiriu no vocabulário psicanalítico. Trata-se de um termo que, se é estranho em sua composição, é ao mesmo tempo bastante elucidativo de uma problemática psicopatológica e clínica particular. Como ponto de partida, convido o leitor para um pequeno giro através de sua etimologia.

Antes de mais nada, apenas para situar brevemente a história do termo *normopatia*, cabe dizer que a psicanálise deve a sua existência – não apenas enquanto termo, mas também enquanto conceito – ao talento inventivo de Joyce McDougall, que o batizou, em 1978, em seu trabalho *Em defesa de uma certa anormalidade.* A palavra "normopata", na acepção que sua criadora lhe deu, foi inventada para tentar retratar um certo tipo de paciente aparentemente bem adaptado e "normal", isto é, sem um conflito psíquico ruidoso, seja neurótico, seja psicótico. Mas o trabalho analítico com este paciente chegava invariavelmente a um impasse, pois ele tinha uma imensa dificuldade – quando não uma total impossibilidade – de fazer um mergulho profundo em seu mundo interno, exigência básica para o sucesso de uma análise. Tal configuração psíquica se trata de "normopatia", e não de "normalidade", porque é uma normalidade falsa ou apenas aparente; melhor dizendo, é uma normalidade estereotipada ou uma hipernormalidade reativa, decorrente de um processo de sobreadaptação defensiva.

Joyce McDougall, em seus trabalhos clínicos, priorizou a abordagem de pacientes "difíceis", para usar aqui um adjetivo corrente no vocabulário dos psicanalistas. Somatizadores, desviantes sexuais, drogadictos e outros pacientes refratários à abordagem psicanalítica tradicional – aí incluídos os "normopatas" – compõem o conjunto dos seres humanos que povoam seus escritos, motivados quase sempre exatamente pelas dificuldades e pelos impasses que ela sentia, diante deles, na condição de analista.

A curiosa composição do termo *normopatia* resulta da justaposição do radical *normo*, que vem do latim *norma*, com o sufixo *patia*, proveniente do grego *pathos*. Lalande (1926), no *Vocabulário técnico e crítico da filosofia*, afirma que o latim *norma* designa "o que não pende nem para a direita nem para a esquerda" e que, por conseguinte, mantém-se "num justo meio"; disso derivam dois sentidos para o adjetivo *normal*, que pode então significar aquilo que

1. "é tal como deve ser";
2. "encontra-se na maioria dos casos de uma determinada espécie" ou "constitui seja a média seja o módulo de um aspecto mensurável". (p. 737)

De acordo com o *Dicionário Houaiss da Língua Portuguesa* (Houaiss e Villar, 2001), *norma*, em latim, significa "esquadro, regra, norma, modelo, padrão"; trata-se daquilo que "regula procedimentos ou atos". O adjetivo *normal*, derivado de *norma*, é empregado com três sentidos semelhantes, mas não idênticos (e isto será importante para nossa discussão posterior). Ele pode qualificar aquilo que é

1. "conforme a norma";
2. "usual, comum";
3. "sem defeitos ou problemas físicos e mentais".

Na primeira acepção, o que define a qualidade de ser normal é a conformidade à norma, ou seja, a observância a uma regra que foi elevada à condição de padrão a ser seguido. Esse sentido do termo *normal* encontra-se, assim, umbilicalmente ligado a um padrão cultural e/ou moral. Portanto, essa normalidade só pode ser considerada quando pensada em relação ao espaço e ao tempo nos quais é vigente, como já postulava Durkheim (1895). Essa relativização cultural do valor de um comportamento, que tem participação decisiva na fundação do método antropológico, influenciou a psicologia americana no que toca à concepção de *loucura* em oposição a *normalidade*. Ruth Benedict (1934), no livro *Patterns of culture*, aplica essa relativização cultural à análise antropológica de tribos americanas, mostrando como certas condutas são valorizadas em uma certa cultura e desconsideradas ou condenadas em outra (Ferraz, 2000). Do ponto de vista moral, *anormal* é o sujeito cuja conduta se insurge contra o *status quo*. Nesse caso, a anormalidade pode resultar na estigmatização ou na segregação de seu portador[1].

Na segunda acepção, é a frequência estatística que determina a qualidade de normal. Quêtelet (*apud* Dayan, 1994) publicou na Bélgica, em 1871, o trabalho *Anthropométrie ou mesure des différentes facultés de l'homme*, no qual expôs os resultados de seus estudos sobre as variações do tamanho de homem. A "normalidade", nesse caso, era definida pela situação da variável verificada dentro da curva normal de Gauss, "curva binomial a que tende todo polígono de frequência", e que "apresenta um cume na ordenada máxima e uma simetria com relação a esta ordenada" (p. 85). Essa concepção estatística de normalidade teve – e continua tendo – um peso muito

---

[1] Um aprofundamento da reflexão sobre a oposição entre normal e desviante, no campo da chamada *doença mental*, pode ser encontrado no livro *Doença mental e psicologia*, de Michel Foucault (1954).

grande na medicina, desempenhando um papel determinante na definição do que é patologia e do que é saúde. No entanto, cada vez mais, o que se entende como saúde vem deixando de obedecer unicamente ao critério da frequência estatística, critério que, afinal de contas, é extrínseco ao sujeito de quem se fala. Péquinot (*apud* Dayan, 1994), por exemplo, fala em "pluralismo das saúdes". Assim, a designação de saúde passa a ser relativa "às condições de sobrevida do indivíduo em seus meios e às doenças que afetam mais ou menos a todos, num momento ou em outro de sua evolução até a morte" (p. 85)[2].

Na terceira acepção, aplicada especificamente à saúde física ou mental, a normalidade pressupõe "perfeição", que pode ser compreendida como ausência de doença física ou mental. Não temos, nesse caso, uma referência dependente da frequência estatística, mas de outro valor que se sobrepõe a ela: a "perfeição", ideal composto por imperativos funcionais

---

[2] A Organização Mundial de Saúde, que tem entre suas funções definir o que é doença e quais são elas, evoluiu de uma posição que definia a saúde como "ausência de doença" para uma outra que a entende como "perfeito bem estar biopsicossocial". Apesar da evolução, a nova concepção continua problemática, pois, como objetam Segre & Ferraz (1997), "perfeição" não é algo facilmente definível: "Se se trabalhar com um referencial "objetivista", isto é, com uma avaliação do grau de perfeição, bem-estar ou felicidade de um sujeito externa a ele próprio, estar-se-á automaticamente elevando os termos *perfeição, bem-estar* ou *felicidade* a categorias que existem por si mesmas e não estão sujeitas a uma descrição dentro de um contexto que lhes empreste sentido, a partir da linguagem e da experiência íntima do sujeito. Só poder-se-ia, assim, falar de bem-estar, felicidade ou perfeição para um sujeito que, dentro de suas crenças e valores, desse sentido a tal uso semântico e, portanto, o legitimasse" (p. 539). Por esta razão, os autores propõem que a saúde seja definida simplesmente como "um estado de razoável harmonia entre o sujeito e a sua própria realidade" (p. 542), o que parece estar de acordo com a ideia de "pluralismo das saúdes" de Péquinot.

(anátomo-fisiológicos), mas também éticos e estéticos. O que é normal, no sentido de "perfeito", pode, inclusive, não ser normal no sentido estatístico. Talvez na noção grega de *orthos* possamos encontrar uma parte de sua determinação.

O equivalente grego do termo latino *norma* é *orthos*, que significa "reto, direito, correto, normal, justo, levantado, teso, direto" (Houaiss e Villar, 2001). Trata-se do radical que encontramos em vários termos compostos de uso corrente, como ortodoxia, ortografia, ortopedia, ortodontia, etc., todos eles normativos, isto é, veiculadores de uma ideia de *correção*. Na Grécia Antiga, especialmente em Atenas, *orthos* designava a própria postura corporal irrepreensível que um homem deveria manter: ereto, hábil e decidido, isto é, ciente de onde quer chegar. Segundo Berlinck (2000), "o processo de aprendizado da posição irrepreensível – *orthos* – prolongava-se na convivência com os filósofos e, mais tarde, quando esses decidiram se organizar territorialmente, passou a ser praticado nas Academias, onde se aprendia a caminhar, lutar, manter relações homoeróticas com honra e, principalmente, a argumentar". *Orthos*, portanto, "regia o comportamento dos corpos humanos na ágora" (p. 13).

Canguilhem (1966), médico e filósofo francês que investigou o conceito de *normalidade*, apontou a existência de dois tipos profundamente diferentes do sentido do termo *normal*: o primeiro, como vimos, define-se pela média aritmética, visando à homogeneidade dos fenômenos; o segundo define-se como um "princípio de organização" ou "razão inerente a um grupo de fenômenos". Pela segunda concepção exposta por Canguilhem, portanto, o "normal" e o "patológico" não estariam em oposição radical, "pois seriam ambos fenômenos legítimos de um só processo" (Silva Jr. & Ferraz, 2001, p. 186). Essas diferentes visões da essência da normalidade inauguram tradições diferentes na psicopatologia e nos métodos de investigação psicodiagnóstica. De um lado, temos as técnicas psicométricas e quantitativas e, de outro, as entrevistas clínicas de inspiração psicanalítica, nas quais "a preocupação com a normalidade do sujeito seria, em princípio, essencialmente incompatível com os elementos que o investigador deve inferir, que se referem a funções do discurso e fantasias inconscientes" (p. 194).

A segunda parte do termo *normopatia*, *patia*, vem do grego *pathos*, que designa "o que se experimenta", aplicado às paixões da alma ou às doenças; remete a sofrimento ou sensação. Esse sufixo *patia*, bastante usado na formação de palavras que definem as mais variadas doenças (cardiopatia, osteopatia, neuropatia, psicopatia, etc.), significa "estado passivo, sofrimento, mal, doença, dor, aflição, suportação" (Houaiss e Villar, 2001).

De acordo com Berlinck (2000), as tragédias que eram representadas em Atenas, ao suscitar pensamentos no espectador, proporcionavam-lhe um enriquecimento: "a posição do teatro se opõe, assim, à do *orthos* porque aquele não pretende convencer o interlocutor da irrepreensibilidade de sua posição e, sim, apresentar um discurso mito-poiético epopeico que produza *experiência* (grifo meu) (p. 17). Ora, *experiência* é justamente *pathos*, oposto de *orthos*. *Pathos* só existe quando o mundo subjetivo é privilegiado, ao contrário de *orthos*, em que a posição a ser mantida tem um referente normativo externo. Se *orthos* pressupõe a perfeição (irrepreensibilidade) e a racionalidade, *pathos* pressupõe a imperfeição e a mobilidade, regendo a ação humana *passional*. No funcionamento mental do normopata supõe-se que haja alguma falha exatamente no *pathos*.

A psicanálise, campo do conhecimento que se volta para os afetos e suas manifestações, bem como para a correlação que estes mantêm com a formação do sintoma, apenas recentemente passou a reconhecer a "normalidade sintomática" como uma problemática a ser examinada. Tenho a impressão de que entre os casos descritos pelos kleinianos sob a denominação *paciente de difícil acesso*, uma noção pouco precisa que abrange um amplo espectro de pessoas, contavam-se também alguns normopatas. Betty Joseph (1975), descrevendo esse tipo de paciente, ressalta a dificuldade que tem o analista de atingi-lo com interpretações e, portanto, de oferecer-lhe "compreensão emocional verdadeira". Ela percebe que há, por parte do paciente, uma "pseudocolaboração" para com o analista. Tal paciente é incapaz, segundo ela, de fazer associações livres.

Uma contribuição decisiva para a elucidação do funcionamento mental do normopata foi dada pela psicossomática, particularmente por Pierre Marty e seus colaboradores do Instituto de Psicossomática de Paris (IPSO). A noção de *pensamento operatório*, detectado por Marty e M'Uzan (1962) nos pacientes somatizadores, foi de importância capital para o desenvolvimento da noção contemporânea de *normopatia*. Ao observar os doentes psicossomáticos, estes autores constataram que eles padeciam de uma carência da atividade fantasmática e onírica que aparecia junto com uma forma peculiar de pensamento que se caracteriza por apenas *reproduzir* e *ilustrar* a ação, não tendo vínculo com uma *atividade fantasmática* considerável. Tratava-se do chamado *pensamento operatório*, preso a *coisas*, e nunca a produtos da imaginação ou a expressões simbólicas. Marty verificou, nesses pacientes, uma pobreza de representações pré-conscientes e inconscientes, classificando-os como *mal mentalizados*.

Outros investigadores do campo da psicossomática psicanalítica descreveram, em sujeitos que tendem a somatizar, modos de funcionamento psíquico bastante semelhantes ao que foi verificado por Marty. Podemos mencionar, por exemplo, as noções de *alexitimia*, de Nemiah & Sifneos (1970), de *desafetação*, de Joyce McDougall (1989b), de *recalcamento do imaginário*, de Sami-Ali (1995) e de *sobreadaptação*, de Liberman e colaboradores (1986).

Joyce McDougall, autora que, como vimos, foi a primeira dentro da psicanálise a nomear essa problemática psicopatológica, cunhando o termo e conceito que é nosso objeto de exame, sofreu a influência decisiva das ideias de Pierre Marty, muito embora tenha discordado dele em diversos aspectos. A noção de *pensamento operatório*, no entanto, foi de fundamental importância para que ela pudesse definir o funcionamento mental do normopata, ainda que este não se confunda com o somatizador descrito por Marty e seus colaboradores, visto que não apresenta, necessariamente, somatizações. No livro *Em defesa de uma certa anormalidade*, McDougall (1978a) dedicou um capítulo, intitulado *O antianalisando em análise*, para tratar do que, com licença poética, chamou de "analisando-robô", protótipo do normopata. Esse analisando, a despeito de aceitar o protocolo analítico e comparecer regularmente às sessões, não exprime, segundo ela, nenhum afeto transferencial. Prefere sempre falar de acontecimentos atuais. Não porque não tenha recordações: ele as tem, mas elas parecem desprovidas de afeto.

D.W. Winnicott foi um autor cuja obra também contribuiu sobremaneira para a compreensão da psicopatologia do normopata, pois ele chamou a atenção para a existência de formações psíquicas nas quais a normalidade aparente era apenas a fachada de uma problemática psíquica grave, próxima mesmo da psicose ("psicose latente", em suas palavras). O "falso *self*", conceito de sua lavra, é uma chave teórica de enorme valia para a compreensão de muitos dos casos de normalidade sintomática. Winnicott (1971), com muita argúcia, já afirmara a existência de "pessoas tão firmemente ancoradas na realidade objetivamente percebida que estão doentes no sentido oposto (*ao do psicótico*), dada a sua perda do contato com o mundo subjetivo e com a abordagem criativa dos fatos" (p. 97).

Foi exatamente um dos mais importantes seguidores de Winnicott, Christopher Bollas (1987b), que deu continuidade à investigação da noção de *normopatia* proposta por Joyce McDougall. A partir de um referencial winnicottiano, ele propôs a ideia de "doença normótica", expressão que preferiu utilizar, mas que coincide com a essência do quadro psicopatológico definido por McDougall. Bollas descreveu um tipo de paciente que apresenta um distúrbio da personalidade caracterizado por supressões parciais do fator subjetivo e pelo prejuízo da capacidade de introspecção. Tal paciente costuma fazer um grande esforço para "livrar-se" da vida intrapsíquica, demonstrando aversão em alimentar o elemento subjetivo da vida.

Um marco histórico para o reconhecimento da noção de *normopatia* pelo meio psicanalítico foi a realização em Paris, em março de 1992, do simpósio intitulado *A normalidade como sintoma*, promovido pela *Fondation Europeène pour la Psychanalyse*[3]. Contando com a participação de diversos analistas que reconheciam a possibilidade que tem a normalidade de estruturar-se, na verdade, como um sintoma, esse encontro deu a público um importante material que foi, posteriormente, publicado em livro[4].

Dentre os capítulos dessa obra, ressalto um, em especial, que representa um grande avanço para a caracterização da normalidade sintomática como uma problemática teórico-clínica que se coloca para a psicopatologia psicanalítica. Trata-se do artigo *Normalidade, normatividade, idiopatia*, de Maurice Dayan.

---

[3] Entidade surgida sob a iniciativa de Claude Dumézil, Charles Melman, Gérard Pommier e Moustapha Saphouan.

[4] Quatro artigos deste livro foram traduzidos para o português e publicados no *Boletim de Novidades Pulsional* (ano IX, número 92, dezembro de 1996), em um número dedicado ao tema da normalidade como sintoma.

Nesse trabalho, Dayan (1994) introduz a noção de *singularidade idiopática*, expressão com a qual procura falar da experiência psicanalítica de um sujeito como uma espécie de experiência que não se parece com nenhuma outra: "numa relação analítica, toda formação sintomática, para a qual se abriu acesso à palavra, revela-se profundamente idiopática e exige ser tratada como tal" (p. 101). Com isto, ele pretende mostrar que, sob o referencial psicanalítico, torna-se impossível, no limite, "normalizar" qualquer forma de expressão sintomática. Na escuta clínica existem apenas singularidades, ou seja, arranjos sintomáticos idiopáticos.

Isto não quer dizer, todavia, que as exigências culturais – cujo protótipo são o complexo de Édipo e a barreira contra o incesto – não sejam modeladoras de uma "normalidade" comum entre as pessoas. Essas exigências acabam por construir um sintoma universal, ou sintoma da própria cultura, erigido a partir da repressão às pulsões. Mas essa expressão sintomática comum a todos os membros de uma dada cultura não impede que cada indivíduo, assaltado pelas exigências civilizatórias, passe a processá-las idiopaticamente, construindo sua síndrome neurótica particular: "à medida que o compromisso comum não pode ser suportado pelo indivíduo, este se afasta dele, mais ou menos, adicionando suas próprias formações àquelas que a sociedade recebe, vítima do mal-estar, sem ver nelas nenhuma doença" (p. 94).

Sem rejeitar esse postulado freudiano, no entanto, Dayan procura mostrar que, do lado da clínica psicanalítica, encontramos diferentes *figuras da suposição sintomática da normalidade*. O autor enumera quatro delas, dentre as quais uma é de particular interesse para nosso estudo, por tratar-se exatamente daquela do indivíduo "doente" de sua própria normalidade.

A primeira delas é a *reivindicação da normalidade pelos psicóticos*, particularmente na vigência dos episódios delirantes e alucinatórios, quando afirmam peremptoriamente serem normais; a segunda é a *aspiração à normalidade pelos neuróticos*, quando há uma ambiguidade entre o desejo de cura e o desejo de perpetuar o sintoma, transformado em forma substitutiva de obtenção de prazer; a terceira figura é a do *temor a ser anormal*, presente na neurose e nos processos limites, que se expressa, por exemplo, pelo temor de ser homossexual ou perverso ou então de nisso transformar-se em virtude da experiência analítica.

Finalmente, a quarta figura é o *sofrimento específico dos indivíduos doentes de sua própria normalidade*, exatamente os normopatas de Joyce McDougall. Segundo Dayan, "estes não pedem ajuda para eles mesmos porque 'está tudo bem' ou 'normal', mas o que sucede é que a pedem para terceiros: filhos, pais ou cônjuges, já que as queixas ou o humor tornam sua vida penosa". "Ao agir de tal forma", prossegue Dayan, "por certo não dizem *do que* sofrem, mas designam *aqueles* a quem imputam a origem de seu tormento ou de sua preocupação lancinante. Assim, fica denunciada a falha enorme de um sistema defensivo que logra, por outro lado, ser ignorado pela organização que o edificou" (p. 96).

Se Joyce McDougall foi uma pioneira na designação de uma normalidade sintomática, como vimos, isso não quer dizer que essa figura clínica não tenha feito aparição antes de ser abordada por ela. É claro que, em McDougall, o conceito aparece elaborado, com uma proposta de compreensão teórica acompanhada de considerações clínicas dela decorrentes. Entretanto, a própria autora confessa que foi a partir de impasses na clínica que ela pôde isolar a problemática da normopatia enquanto objeto de reflexão. Diga-se de passagem, esta sempre foi a via régia para todas as descobertas psicanalíticas, desde o impasse que representava a histeria para a medicina, que foi enfrentado por Freud e acabou dando origem à psicanálise...

Pois bem, é no livro autobiográfico de Jung (1961) *Memórias, sonhos, reflexões* que encontramos o que talvez seja o primeiro relato da literatura psicanalítica sobre a normalidade sintomática, feito de forma contundente e impressionante. A partir da dificuldade sentida por Jung no contanto analítico com o paciente que descreve, podemos ter uma medida do impasse que esta forma estereotipada de "normalidade" pode representar para a técnica psicanalítica clássica. Trata-se de uma experiência de tal importância e de tal interesse para nossa reflexão sobre a normopatia que vale a pena transcrever todo o trecho em que Jung dela se ocupa:

> Compreende-se que um neurótico seja submetido a uma análise; mas se é "normal" não tem necessidade disso. Posso, entretanto, afirmar que me ocorreram experiências

surpreendentes com a assim chamada "normalidade". Certa vez, por exemplo, tive um aluno completamente "normal". Era médico e me procurou com as melhores recomendações de um velho colega. Fora assistente dele e ficara com a sua clientela. Seu sucesso e clientes eram normais. Com mulher e filhos normais, ele morava numa casinha normal, numa cidadezinha normal, tinha um ordenado normal e provavelmente se alimentava normalmente. Queria tornar-se analista! "O senhor sabe – disse eu – o que isso significa? Significa que deverá conhecer-se primeiro a si mesmo para tornar-se um instrumento; se não estiver em ordem, como reagirá o doente? Se não estiver convencido, como persuadirá o doente? O senhor mesmo deverá ser a matéria a ser trabalhada. Se não, que Deus o ajude! Conduzirá os doentes por caminhos falsos. Será preciso, inicialmente, que o senhor mesmo assuma a sua análise." O homem concordou comigo, mas declarou: "Nada tenho a lhe dizer que seja problemático." Eu devia ter desconfiado disso. "Pois bem, acrescentei, examinaremos seus sonhos. – Eu não tenho sonhos", disse ele. E eu: "Mas logo o senhor os terá." Um outro teria, provavelmente, sonhado na noite seguinte; mas ele não poderia se lembrar de sonho algum. Isso durou cerca de quinze dias e minha surpresa foi se transformando em inquietação.

Enfim, ele teve um sonho impressionante: sonhou que estava viajando por uma estrada de ferro. O trem deveria parar duas horas numa certa cidade. Como ele nunca tivesse visto esta cidade e desejasse conhecê-la, pôs-se a caminho até chegar ao centro. Encontrou aí um castelo medieval, provavelmente uma prefeitura. Caminhou através de longos corredores, entrou em belas salas, onde nas paredes estavam pendurados velhos quadros e lindos tapetes de gobeleim. Em torno, havia velhos objetos preciosos. De repente, viu que começava a escurecer e que o sol se punha. Pensou: "Preciso voltar à estação." Nesse momento, percebeu que se perdera, não sabendo mais onde estava a saída; teve medo e, ao mesmo tempo, percebeu que ninguém morava na casa. Angustiado, apressou-se na esperança de encontrar alguém. Deparou, então, com uma porta grande e pensou, aliviado: "É a saída!" Abriu-a e se viu numa sala gigantesca; a escuridão era tão completa que não podia distinguir nitidamente a parede à sua frente. Assustado, pôs-se a correr no amplo espaço vazio, esperando achar a saída do outro lado da sala. Então bem no meio do quarto apareceu alguma coisa branca no chão. Aproximando-se, reconheceu uma criança idiota de cerca de dois anos, sentada num urinol, toda suja de fezes. Nesse momento acordou dando um grito de pânico. Era o bastante! Tratava-se de uma psicose latente! Eu estava suando quando procurei tirá-lo de seu sonho. Falei sobre o sonho da maneira mais anódina possível. Não me detive em detalhe algum.

Eis, mais ou menos, o que traduzia o sonho: a viagem é a viagem a Zurique. Mas aí permanece pouco tempo. A criança no centro do quarto é a imagem dele mesmo, com a idade de dois anos. Entre as criancinhas esses maus modos não são comuns, mas possíveis! As fezes atraem o interesse por causa do cheiro e da cor. Quando uma criança cresce numa cidade e, principalmente, pertence a uma família severa, tal coisa pode acontecer uma vez ou outra.

Mas o médico – o sonhador – não era uma criança, era um adulto. Eis porque a imagem onírica da criança é um símbolo nefasto. Quando me contou o sonho, compreendi que a sua normalidade era uma compensação. Pude recuperá-lo *in extremis*, pois pouco faltou para que a psicose latente explodisse, e se tornasse manifesta. Era preciso impedir tal coisa. Finalmente, com a ajuda de um de seus sonhos, consegui encontrar um meio plausível para pôr fim à análise didática. Ficamos mutuamente reconhecidos por esta saída. Não revelei o meu diagnóstico, mas ele observara que um pânico, que uma derrota catastrófica se preparavam: o sonho insinuara que um perigoso doente mental o perseguia. Pouco depois, o sonhador voltou à sua terra. Nunca mais tocou no inconsciente. A tendência a ser normal correspondia a uma personalidade que não se desenvolveria mas, pelo contrário, explodiria num confronto com o inconsciente. Essas "psicoses latentes" são as "*bêtes noires*" dos psicoterapeutas, porque frequentemente é muito difícil descobri-las. Nesses casos, é particularmente importante compreender os sonhos. (p. 123-125)

Como se vê, Jung deparou-se com um problema clínico bastante sério, que se coloca tanto para o diagnóstico como para a técnica psicanalítica. Ele próprio, fazendo uma espécie de autocrítica, escreve que "deveria ter desconfiado" desde o contato inicial. Ter desconfiado do quê? Podemos pensar que a ausência de sonhos, associada ao pouco saber de si mesmo, sinalizava a presença de uma problemática psicopatológica diferente daquela verificada no neurótico, que preenche todos os requisitos exigidos pela "análise-padrão", se é que ainda hoje podemos pensar nisso.

A psicanálise contemporânea, certamente, dispõe de instrumentos teórico-clínicos mais eficazes para enfrentar este tipo de problema, como tentarei mostrar no desenvolvimento deste trabalho[5]. No caso do paciente de Jung, o que estava em questão – e que me parece continuar sendo um problema atual – era a amplitude do potencial diagnóstico da entrevista analítica, preliminarmente, e o seu consequente papel na determinação de uma possível "elasticidade" da técnica, valendo-me de uma expressão de Ferenczi (1928).

A normalidade estereotipada do paciente de Jung assemelha-se muito à normalidade do paciente que tende a

---

[5] O escrito de Jung sobre seu paciente é um registro que pertence à *história* da psicanálise e das práticas terapêuticas criadas a partir dela. Portanto, não se trata aqui, evidentemente, de *julgar* seu procedimento com base nos conhecimentos produzidos *depois* de sua época. Como postula Sidnei Cazeto (2001), não cabe exigir de autores do passado que tenham feito o que não fizeram ou pensado o que não pensaram, mas sim de situá-los no justo patamar da ciência em que sua obra se inscreve. Eles devem ser lidos sob o referencial do conhecimento que os antecede, e não do futuro.

somatizar e, particularmente, daquele que está prestes a ter uma somatização grave, de acordo com as descobertas da escola francesa de psicossomática. É curioso como psicose e somatização, fenômenos aparentemente distantes no espectro da psicopatologia, encontram-se tão próximos enquanto resultantes de processos defensivos que consistem em ataques ao pensar. Aquela normalidade exagerada descrita por Jung era, certamente, uma espécie de "pseudonormalidade", que não pressupõe o que se pode chamar de "saúde mental", mas sim um estado psíquico no qual importantes atividades mentais, tais como a fantasia e o sonho, são removidas por meio de um mecanismo de defesa maciço. Por esta razão é possível conjeturar que Jung, quando incitou o paciente a sonhar, propôs-lhe uma atividade psíquica de alto potencial explosivo para seu aparelho psíquico, que sobrevivia sem fragmentar-se exatamente a expensas do pensamento criativo, preso à realidade como um náufrago em uma pequena tábua de salvação. A normopatia é, assim, uma formação decorrente de processos defensivos contra o risco de sérias desorganizações, sejam psíquicas, sejam somáticas, para as quais o analista deve ter especial atenção. Sua abordagem clínica requer cuidados especiais.

O filósofo Ernst Cassirer (1944), que dedicou boa parte de seu trabalho à investigação dos processos de simbolização – que são a própria marca do humano –, escreveu:

> A despeito de todos os esforços do irracionalismo, a definição do homem como *animal rationale* não perdeu sua

força. A racionalidade é de fato um traço inerente a todas as atividades humanas. (...) A linguagem foi com frequência identificada à razão, ou à própria fonte da razão. Mas é fácil perceber que essa definição não consegue cobrir todo o campo. É uma *pars pro toto*; oferece-nos uma parte pelo todo. Isso porque, lado a lado com a linguagem conceitual, existe uma linguagem emocional; lado a lado com a linguagem científica ou lógica, existe uma linguagem da imaginação poética. Primariamente, a linguagem não exprime pensamentos ou ideias, mas sentimentos e afetos. (p. 49)

A normopatia é uma das formas de adoecimento desta potência humana para a expressão afetiva. Neste sentido, é uma patologia do pensamento e da linguagem, que perdem parte de seu potencial pático, deixando de funcionar no que possuem de melhor e de mais humano. A psicanálise, parece-me, possui uma utopia que a unifica: posicionar-se teórica e clinicamente ao lado da concepção do homem como o *"animal symbolicum"* de Cassirer, um passo além do *"animal rationale"* aristotélico.

2.

Raízes freudianas da noção de *NORMOPATIA*

A ideia de uma normalidade estereotipada e patológica ou, em verdade, uma falsa normalidade, foi surgindo na psicanálise como mais um dos avanços pós-freudianos que, como todos os demais, deita raízes nas aberturas e indicações legadas por Freud. Assim, não encontramos na obra do inventor da psicanálise uma referência direta a esta problemática, mas, por meio de sua contribuição à noção de *normalidade psíquica* – bastante peculiar, aliás – é possível situar nossa questão em suas origens.

Para começo de conversa, a noção de *saúde* em psicanálise distanciou-se do modo como as ciências influenciadas pelo pensamento positivista (entre elas, a medicina, a psicometria, a antropologia física, etc.) procuraram definir. A *saúde mental* ou a *normalidade psíquica*, em psicanálise, não se define por critérios de frequência estatística, ao contrário da tendência que norteou as ciências da saúde durante muito tempo. Para Freud, a normalidade pressupunha um certo arranjo mais ou menos harmonioso de todas as tendências psíquicas. Este arranjo, por ser absolutamente singular, torna complicadas as tentativas de se estabelecer um critério rígido de determinação da normalidade psíquica. A investigação psicanalítica, cujo solo privilegiado é o próprio processo analítico, abre-se no sentido da escuta da subjetividade, o que traz à tona exatamente o universo psíquico que Freud denominou *mundo interno*, que é particular e foi construído na experiência única de um sujeito em contato com a realidade externa que o rodeia.

Ora, torna-se difícil falar em uma normalidade absoluta quando se lida com realidades singulares e praticamente incomparáveis. Maurice Dayan (1994) fala de uma *singularidade idiopática* para se referir ao sujeito que emerge na experiência analítica, experiência que não se parece com nenhuma outra: o analisando pode ali fazer o relato de uma parte do real que é somente sua, que se solta em forma de sintoma[1]. Nesta abertura ocorre algo imprevisto e desconhecido, tal como se dá na formação dos sonhos.

O pressuposto da *singularidade idiopática*, é verdade, traz dificuldades para o campo da investigação psicopatológica quando esta é concebida em termos de um método científico que exige dos procedimentos de conhecimento o mesmo padrão que se requer da investigação dos objetos lógico-matemáticos, como prevê a ciência de inspiração positivista. A psicanálise sempre esteve exposta a críticas decorrentes desta concepção única de ciência, o que levou Freud a dedicar

---

[1] Talvez seja esta a mesma ideia que Caetano Veloso, de uma outra maneira, expressa na canção *Vaca Profana*, quando diz que "de perto ninguém é normal".

muitas das páginas que escreveu à defesa da autenticidade científica de suas descobertas. Mas, curiosamente, no próprio interior da psicanálise, podemos localizar algumas resistências a esta abertura radical para o singular que ela propõe, fato que Dayan supõe ter raízes nas suas origens psiquiátricas.

Mesmo considerando tudo isso, não constituiria um absurdo afirmar que encontramos, sim, regularidades sintomáticas em nossos pacientes. Não fosse assim, Freud sequer poderia ter falado em histeria ou em neurose obsessiva, por exemplo. Mas daí até a transformação de toda e qualquer conduta ou manifestação da vida psíquica em *diagnóstico psíquico*, como faz o D.S.M.[2] hoje em dia, existe um longo caminho! Para Dayan (1994), estas regularidades sintomáticas são "meios de referência aproximativa e de comparação superficial, por demais relativos aos sistemas de normas dos conjuntos étnicos e culturais a respeito dos quais o indivíduo inventa sua própria normatividade" (p. 103), ponto de vista que parece ter algum parentesco com o argumento central da etnopsiquiatria[3].

---

[2] *Diagnostic and Statistical Manual of Mental Disorders*, elaborado pela Associação Psiquiátrica Americana.

[3] Ramo autônomo da psiquiatria desenvolvido particularmente por Georges Devereux (1970), que demonstrou que em cada cultura há uma forma "correta" de ser louco, ou melhor, de ser reconhecido como tal, visto que o desvio, logicamente, está definido pela própria norma do qual é uma variação. Suas origens remontam ao final do século XIX e início do século XX, quando Kraepelin, psiquiatra alemão, visitou Cingapura e a Indonésia a fim de verificar se lá se encontravam as mesmas patologias mentais conhecidas pela psiquiatria ocidental. Suas observações resultaram no livro *Vergleichende Psychiatrie* (*Psiquiatria Comparada*), publicado em 1904. Para mais detalhes, ver Jaccard (1981) e Ferraz (2000).

Freud, ainda que não tenha se preocupado demasiadamente em produzir uma teoria da normalidade, tocou por diversas vezes nesta questão. Afinal, a psicanálise tem como um de seus postulados fundamentais a renúncia, por parte da criança, aos desejos edípicos, renúncia que é uma necessidade imperiosa para a sua entrada na ordem cultural. Existe, portanto, uma tensão entre o desejo onipotente do indivíduo e as exigências civilizatórias, que balizam a obtenção do prazer e, por extensão, da própria felicidade. Isto significa que há, de partida, um conflito entre indivíduo e civilização e que, à medida que esta aumenta o grau de suas exigências, mais estreitas se tornam as vias de obtenção direta de prazer.

Freud supunha haver uma consequência danosa das exigências da civilização sobre o equilíbrio do indivíduo, isto é, ele pensava que a adaptação do sujeito à norma cultural era, por si mesma, necessariamente patogênica. No artigo *Moral sexual "civilizada" e doença nervosa moderna*, de 1908, ele deixa claro este ponto de vista, afirmando que a civilização, ao fazer aos indivíduos exigências descabidas de renúncia libidinal, torna-se diretamente responsável pela sua infelicidade ou pelo aparecimento da "doença nervosa", a saber, a neurose. Alguns indivíduos, segundo Freud, até poderiam ter uma capacidade maior de tolerar as restrições à sexualidade sem adoecer, recorrendo, por exemplo, ao mecanismo de sublimação[4]. Mas isto

---

[4] Na definição de Laplanche & Pontalis (1967), trata-se do "processo postulado por Freud para explicar atividades humanas sem qualquer relação aparente com a sexualidade, mas que encontrariam o seu elemento propulsor na força da pulsão

NORMOPATIA: SOBREADAPTAÇÃO E PSEUDONORMALIDADE

seria impossível para outros, restando a estes as alternativas da doença nervosa ou da transgressão, explícita ou camuflada. Esta temática é retomada, de forma mais complexa, no trabalho *O mal estar na civilização*, de 1930, quando a civilização não é mais vista por Freud como a única responsável pela infelicidade humana ou pela patologia mental. Neste momento sua abordagem deste problema já levava em conta a existência de uma *pulsão de morte* inerente ao ser humano, que participava da etiologia de seu sofrimento psíquico. A pulsão de morte, expressa por uma tendência à destruição, é então, para ele, um dado irredutível, revelado, por exemplo, no fenômeno do masoquismo. De acordo com Laplanche & Pontalis (1967), a pulsão de morte "é a expressão privilegiada do princípio mais radical do funcionamento psíquico e, por fim, liga indissoluvelmente, na medida em que é o que há de mais pulsional, qualquer desejo, agressivo ou sexual, ao desejo de morte" (p. 536). Portanto, a partir desta concepção, não haveria como atribuir a infelicidade humana ou a causa da doença nervosa exclusivamente ao meio social. Esta seria uma conclusão fácil e simplista[5].

---

sexual. Freud descreveu como atividades de sublimação principalmente a atividade artística e a investigação intelectual. Diz-se que a pulsão é sublimada na medida em que é derivada para um novo alvo não sexual ou em que visa objetos socialmente valorizados" (p. 638).

[5] Laplanche (1987) critica, com veemência, os autores que pretenderam fazer uma leitura supostamente "social" da oposição entre pulsão e sociedade feita por Freud, pois estes autores não levaram em conta um dado fundamental acrescentado por Freud (1920), que foi a postulação de existência da *pulsão de morte*, que tende a reconduzir o indivíduo ao estado inorgânico. Diz ele: "além do par

A normalidade, na acepção de algo como equilíbrio psíquico ou saúde mental, decorre para Freud, portanto, da aquisição de uma capacidade de adaptação à cultura sem um excessivo assujeitamento a ela, poderíamos concluir. Isto se expressa em uma fórmula, que ficou bastante conhecida, que a define sucintamente como sendo a *capacidade para amar e trabalhar*. Na conferência 28 das *Conferências introdutórias sobre psicanálise*, intitulada *Terapia analítica*, Freud (1917) afirma que "a distinção entre saúde nervosa e neurose reduz-se (...) a uma questão prática e é decidida pelo resultado, isto é, a pessoa ter ou não um nível suficiente de capacidade para aproveitar a vida e ser eficiente" (p. 533). Tudo isso, evidentemente, "com prazer" acrescenta Joyce McDougall (1988), afunilando um pouco mais o critério freudiano[6].

Do ponto de vista do funcionamento do ego, esta normalidade ou este equilíbrio decorrem do sucesso que ele obtém em lidar satisfatoriamente com as exigências severas e até mesmo contraditórias dos três "senhores" a quem tem de servir: o id, o superego e o mundo externo, conforme Freud (1923) afirma

---

pulsão-angústia, existe um outro par, aquele que se pode resumir sob os termos *pulsão-sociedade*, o qual pode servir-nos de aguilhão, em todos os sentidos em que um aguilhão irrita: quero dizer que essa oposição pulsão-sociedade é verdadeiramente, em todos os sentidos do termo, irritante; oposição que floresceu em toda adaptação popular da psicanálise, ou em sua adoção por uma certa corrente revolucionária, como por exemplo em Marcuse; oposição, que, por certo, como muitas outras ideias, é sugerida por Freud, mas isso não é suficiente para que não tenhamos que a interrogar" (p. 147-8).

[6] Remeto o leitor aos interessantes comentário feitos por Renato Mezan (1998) sobre esta questão, no ensaio *O psicanalista como sujeito moral*.

no artigo *O ego e o id*. Esta forma de definir o problema é retomada, em outros termos, em um curto mas interessantíssimo trabalho de 1931, chamado *Tipos libidinais*. Nele, Freud elaborou uma espécie de classificação das pessoas em relação ao modo como se situam frente aos outros e à cultura. Haveria, assim, três tipos libidinais "puros": o *erótico*, o *obsessivo* e o *narcísico*. O tipo *erótico* se caracteriza por uma dependência em relação ao objeto, isto é, sua principal necessidade é a experiência de ser amado; o tipo *obsessivo* se caracteriza por sua dependência em relação ao próprio superego, o que o limita e o coloca como uma espécie de agente perpetuador da moral estabelecida; e, finalmente, o tipo *narcísico* é o mais independente, tanto em relação ao outro como em relação ao superego, encontrando maior liberdade de ação. Além destes tipos puros, existiriam combinações que dariam origem aos tipos intermediários *erótico-obsessivo*, *erótico-narcísico* e *obsessivo-narcísico* A normalidade, aí colocada como um utopia, seria um perfeito equilíbrio entre as três tendências, expressa no ideal de um tipo libidinal *erótico-obsessivo-narcísico*.

Como se vê, a normalidade, para Freud, nada tem a ver com frequência estatística ou com qualquer outro critério que a defina a partir de uma avaliação externa, objetiva ou comportamental. Ela só é localizável sob a ótica interna de cada sujeito, em sua relação com os outros e consigo mesmo.

❄   ❄   ❄

No pensamento de Freud é possível localizar dois eixos básicos, distintos mas não dissociados, de definição da normalidade psíquica: *grosso modo*, um deles passa pela configuração da sexualidade e o outro pela aquisição do *teste de realidade*, o primeiro geralmente aplicado à distinção entre a normalidade sexual e a perversão, e o segundo à distinção entre a normalidade enquanto sanidade mental e a loucura (psicose, nos termos da psiquiatria e da psicanálise). Examinemos cada um deles.

Nos *Três ensaios sobre a teoria da sexualidade* (Freud, 1905), a ideia de normalidade sexual aparece sob a forma de uma combinação ideal de todas as pulsões parciais (oral, anal, sádica, masoquista, exibicionista, voyeurista, etc.) organizadas em torno do eixo central da genitalidade, coincidente com a escolha objetal heterossexual e com a prática do coito genital, por sua vez identificados ao sexo potencialmente reprodutivo. O que se consideraria patológico, assim, seriam as formações psíquicas em que o eixo organizador da sexualidade fosse outro que não o genital. Isto era exemplificado pela formação de uma perversão, por um lado, e pela regressão aos pontos de fixação libidinal na neurose, por outro[7].

Karl Abraham (1924) foi quem desenvolveu com maiores minúcias uma teoria do desenvolvimento psicossexual, descrevendo as diversas fases libidinais atravessadas pelo indivíduo. Ele é parceiro de Freud na postulação da genitalidade como

---

[7] No livro *Perversão*, nesta mesma coleção, desenvolvo mais detalhadamente este ponto.

paradigma de maturação sexual e, portanto, de normalidade psíquica. Contudo, a ideia de genitalidade, neste contexto, deve ser compreendida não simplesmente como o primado da zona erógena genital na vida sexual, mas como algo mais abrangente que o acompanha, que é uma superação relativa do narcisismo e da agressividade em relação aos objetos. Em outras palavras, tratar-se-ia da possibilidade do reconhecimento da alteridade e do acesso ao chamado amor objetal, menos ambivalente que as modalidades de amor pré-genitais, em que o objeto não é reconhecido em sua existência exterior ao próprio eu[8].

Limitar a noção de *genitalidade* de Freud e Abraham a seus aspectos exclusivamente anatômicos implica riscos de normatização que podem atentar contra a essência do pensamento psicanalítico e da prática analítica. No seio da própria psicanálise, deparamo-nos com o perigo da reprodução de juízos de valor correntes sobre a sexualidade dita "pré-genital". Lacan (1959-60) chamou a atenção para esta confusão que muitas vezes ocorre, quando então se instaura uma postura analítica equivocada, que procura promover, na ordenação da análise, uma normalização psicológica que inclui em si uma "moralização racionalizante". Exemplo disso, segundo ele, seria

---

[8] Mezan (1999) vê no trabalho de Abraham "uma excelente definição de normalidade em psicanálise", lembrando que ela "nada tem a ver com a média estatística, mas admite um critério qualitativo-dinâmico, ligado à qualidade da relação com o objeto, determinada por uma certa proporção entre o interesse pelo outro e o interesse por si mesmo, assim como entre a agressividade e o amor" (p. 8).

exatamente a objetivação de uma sexualidade madura, que tem seu acabamento no assim chamado "estágio da genitalidade"[9].

Otto Kernberg (1998) é um autor que se dedicou à elucidação deste delicado problema teórico e ético colocado pela definição psicanalítica de normalidade no campo da sexualidade. Ele retoma a questão, todavia, em um outro patamar, evitando reduzir à anatomia da vida sexual ou ao sexo do parceiro o fator condicionante da suposta normalidade. Assim, para ele a normalidade poderia ser definida pela capacidade que alguém adquire de usufruir de uma ampla gama de atividades e fantasias sexuais e de compatibilizar o envolvimento sexual e o orgasmo no ato sexual com a possibilidade de um relacionamento terno e amoroso, em que uma gratificação emocional esteja associada ao encontro sexual, e da qual resulte uma conquista de liberdade psicológica.

Portanto, preocupado com a mesma questão ética que chamara a atenção de Lacan, Kernberg excluiu de seu critério de normalidade sexual as intervenções mais incisivas e pontuais da cultura e da moral, tais como a questão da exclusividade e da duração dos relacionamentos e do gênero do objeto sexual, área em que, como ressalta o autor, "a abordagem científica é particularmente vulnerável à contaminação por preconceitos ideológicos e culturais" (p. 69).

---

[9] Sobre esta questão ética que se coloca para a psicanálise, ver Ferraz (1994a e 1994b).

O outro eixo de definição da normalidade em Freud passa pela sua distinção com relação à loucura ou à psicose. Ele encontra seu fundamento na noção de *teste de realidade*, que vem a ser a possibilidade que tem um indivíduo de discriminar uma representação interna de uma percepção proveniente do meio externo, isto é, em outras palavras, estabelecer um juízo de distinção ente o dentro e o fora de si. O teste de realidade é uma aquisição da criança no curso de seu desenvolvimento normal, e o fracasso no seu estabelecimento determina a impossibilidade de se distinguir aquilo que se pensa daquilo que efetivamente se percebe – visual ou auditivamente –, donde resulta o fenômeno tipicamente psicótico que é *alucinação*[10].

No início de sua vida uma criança não tem recursos para distinguir o si mesmo da mãe que lhe oferece cuidados. Podemos falar de um estado inicial de fusão entre eu e objeto que vai, paulatinamente, cedendo lugar à constituição de um eu propriamente dito, agora separado do objeto materno. Se inicialmente o bebê, quando premido pela necessidade, pode alucinar o seio, ao se desenvolver psiquicamente ele vai reconhecendo o lugar deste seio que o satisfaz como externo a si mesmo. Tal processo ocorre em razão das sucessivas experiências de satisfação e de frustração, cuja alternância possibilita

---

[10] Este campo de preocupação metapsicológica de Freud, no sentido da definição de um teste de realidade e da concomitante formação do aparelho psíquico, é bastante precoce em sua obra: seu primeiro registro já se encontra no *Projeto para uma psicologia científica*, texto de 1895.

a constituição de uma noção de realidade e, assim, de uma distinção entre o eu e o outro.

Neste mesmo processo, diz Freud, ocorre uma passagem do funcionamento mental marcado pelo *princípio do prazer* a um outro marcado pelo *princípio de realidade*, que vai aos poucos prevalecendo sobre o primeiro. Uma outra forma correlata que Freud encontra para nomear esta passagem é a transição do funcionamento psíquico que se dá por meio do *processo primário* para aquele que se dá sob a égide do *processo secundário*. No caso do processo primário, de acordo com Laplanche & Pontalis (1967), "a energia psíquica escoa-se livremente, passando sem barreiras de uma representação para outra (...) e tende a reinvestir plenamente as representações ligadas às vivências de satisfação constitutivas do desejo (alucinação primitiva)". Já no caso do processo secundário, "a energia começa por estar ligada antes de se escoar de forma controlada; as representações são investidas de uma maneira mais estável, a satisfação é adiada, permitindo assim experiências mentais que põem à prova os diferentes caminhos possíveis de satisfação" (p. 474-5).

E assim, vamos chegando aqui a um ponto da maior importância para nossa compreensão do funcionamento mental próprio da normopatia, no que ele possui de peculiar em relação à dinâmica da fantasia e do sonho. Vejamos mais um pouco sobre este ponto.

No artigo *Formulações sobre os dois princípios do funcionamento mental*, Freud (1911) se refere à atividade do fantasiar como uma espécie de funcionamento psíquico que se liberou do teste de realidade: inibida a descarga motora, através do processo de pensamento, resta uma área psíquica que não resiste ao apelo das fontes de prazer. Esta área, que não abandona o princípio do prazer, é justamente a fantasia, "que começa já nas brincadeiras infantis, e posteriormente, conservada como *devaneio*, abandona a dependência de objetos reais" (p. 281-2). A fantasia é, portanto, uma espécie de "remanescente rebelde" do processo primário que não se deixa colonizar pelo processo secundário, e que terá uma função vital na economia psíquica do sujeito, particularmente na sua possibilidade de ser criativo.

Esta fantasia, se tomada em um de seus sentidos possíveis, que é aquele do devaneio consciente, é a própria atividade da imaginação, meio pelo qual o homem pode produzir toda sorte de construções mentais. Freud nela entreviu esta característica de *matriz da criatividade*, por assim dizer. No artigo *Escritores criativos e devaneio* (1908b) ele diz que "o escritor criativo faz o mesmo que a criança que brinca: cria um mundo de fantasia que ele leva muito a sério, isto é, no qual investe uma grande quantidade de emoção, enquanto mantém uma separação nítida entre o mesmo e a realidade" (p. 150). Neste mesmo texto, Freud trata da relação entre o sonho e a fantasia (no sentido de devaneio), colocando como elemento comum a ambos a busca da *realização de desejos*. A estruturação da fantasia obedece a um processo correlato àquele da formação do sonho, isto é, ela corresponde a uma realização de desejos primitivos que se sujeitam a mecanismos de deformação durante a transformação do conteúdo latente em manifesto. Portanto, apesar de consciente, a atividade do devaneio guarda em sua formação uma proximidade muito grande com o sonho. Como na bela expressão do filósofo Gaston Bachelard (1960), o devaneio "é um pouco de matéria noturna esquecida na claridade do dia" (p. 10).

Mas a fantasia, a despeito de ter um papel fundamental para a saúde psíquica, encontra-se estreitamente ligada à etiologia das neuroses. Quando produto de um desejo que encontra forte censura no próprio sujeito, diz Freud, ela é submetida ao recalcamento, retornando disfarçadamente sob a forma de sintoma neurótico. Portanto, a neurose decorre necessariamente da existência de um mundo de fantasia que produz afetos aflitivos, desencadeando o recalcamento como mecanismo de defesa necessário, a fim de retirar da consciência aquilo que o ego sente como proibido ou perigoso para si mesmo.

É neste ponto que podemos parar para traçar um primeiro esquema comparativo entre a neurose e a normopatia. Estamos diante de modelos de constituição psíquica estruturalmente diferentes, pois o que acontece com o neurótico, em termos de produção de fantasia e de recalcamento, é exatamente o que *não* acontece com o normopata. Se tomamos aqui o esquema de Freud expresso no artigo de 1911 sobre os dois princípios do funcionamento mental, podemos falar de algo que ali não estava previsto, que seria uma espécie de "déficit" da função psíquica do fantasiar, correlata à adoção de um mecanismo de defesa fundamental que não é propriamente um *recalcamento*, mas algo como uma *supressão* da própria função. Este "déficit" da atividade fantasmática, que engloba também a baixa produção onírica, teve sua melhor descrição na ideia de *vida operatória*, proposta por Marty & M'Uzan (1962) para tratar do funcionamento mental do somatizador, como veremos mais adiante.

Seria de uma simplicidade tentadora pensar, numa primeira reflexão, que, no caso da normopatia, todo o funcionamento mental ocorre segundo as leis do processo secundário, pois, aparentemente, não haveria uma área deste funcionamento onde se encontrassem remanescentes do princípio do prazer. Afinal, uma das características marcantes da normopatia é o empobrecimento ou, até mesmo, a supressão da vida fantasmática, seja pela via do sonho, seja pela via do fantasiar. Do mesmo modo, o mundo interno encontra-se desinvestido; o sujeito pouco ou nada se refere a ele, demonstra baixa capacidade de introspecção e seu discurso refere-se quase que exclusivamente a objetos concretos do mundo exterior. Seria então a normopatia o reinado absoluto do processo secundário e do princípio de realidade?

A resposta, no entanto, é *não*. O que ocorre na normopatia é, na verdade, uma cisão entre a realidade interna e a realidade externa, a primeira sendo praticamente suprimida e a segunda sobreinvestida de modo compensatório. O sujeito perde o contato consigo mesmo, passando a funcionar à moda de um robô, como diria Joyce McDougall. Esta possibilidade de uma confusão entre o processo secundário e o funcionamento operatório não escapou a Marty & M'Uzan (1962), visto que no segundo é visível uma orientação para a realidade sensível, para a lógica, a causalidade, a continuidade, etc. No entanto, este pensamento fica sempre preso a coisas, e o uso da palavra se dá como meio de descarga rápida de tensão, diferentemente do tempo "em suspenso", para fins de elaboração, próprio ao processo secundário. Ademais, lembram os autores, "o pensamento operatório não retoma símbolos nem palavras; ele não retoma uma elaboração fantasmática anterior como o processo secundário, por exemplo, na elaboração secundária do sonho" (p. 171).

O processo secundário pauta-se pela consideração às indicações da realidade, é verdade. Mas isso não quer dizer que ele prescinda da integridade do aparelho psíquico. Muito pelo contrário. Se ele pressupõe o acesso amplo à realidade, pressupõe também, por consequência, a possibilidade do acesso à realidade interna, isto é, do mundo de afetos, emoções e sentimentos. Dejours (1986) alerta-nos exatamente para este ponto, enfatizando que o processo secundário se caracteriza pelo que se chama de *associações*, que estão ausentes do funcionamento mental do normopata, bem como do somatizador e do psicopata. Assim, em vez de um pensamento caracterizado por associações – impulsionadas por motivações do inconsciente recalcado –, o normopata teria um pensamento lógico e operacional sem contato com o inconsciente, restrito ao sistema consciente. Este consciente, segundo Dejours, seria "um sistema organizado pelo pensamento lógico, feito de palavras, associadas *não por analogias* constitutivas da deriva metonímica, ou da metáfora, mas por um pensamento lógico, aprendido, isto é, o pensamento intelectual, derivado do pensamento cognitivo. Trata-se, portanto, de um pensamento lógico, *resultado de uma aprendizagem*, e não de uma simples réplica da realidade" (p. 111)[11].

É necessário, entretanto, não confundir esta ausência de liberdade criativa do pensamento com um necessário empobrecimento da função intelectual. Dejours (1986) prossegue seu comentário afirmando que "certos pacientes, ditos operatórios, servem-se de um pensamento operatório concreto, outros de um pensamento operatório abstrato, outros de um pensamento lógico conceitual, segundo a terminologia de Piaget, e seria um erro acreditar que o pensamento operatório fosse uma simples fotografia da realidade. Trata-se de uma interpretação, mas lógica, fornecida do exterior, *aprendida*, e não uma interpretação fantasmática *inventada* pelo sujeito" (p. 111). Esta modalidade de interpretação, portanto, tem um caráter totalmente impessoal e estereotipado: resulta

---

[11] Dejours (1986) utiliza este esquema teórico para ampliar a discussão em torno do conceito de *pensamento operatório*, de Marty e M' Uzan (1962), aplicado inicialmente na psicossomática, mas passível de ser estendido às patologias não neuróticas, cujo mecanismo defensivo estrutural seria o da dissociação, clivagem ou cisão do ego. Como já afirmei em outra ocasião (Ferraz, 2002), as figuras conceituais da *recusa* (*Verleugnung*) e da *clivagem* (*Spaltung*) do ego, com as quais Freud procurou explicar o fetichismo, possibilitaram à psicanálise pós-freudiana encaminhar-se com maior segurança para a exploração não apenas da perversão, mas também dos fenômenos não neuróticos em geral. Dejours mostra como as considerações metapsicológicas de Freud sobre a perversão, feitas a partir da noção de *clivagem* do ego, forneceram o modelo para a compreensão do funcionamento mental dos psicóticos (por Melanie Klein), dos pacientes *borderlines* (por Winnicott e Kernberg), dos psicopatas (por Winnicott), das personalidades narcisistas (Kohut) e dos somatizadores (por ele próprio, Dejours). Julgo plenamente cabível acrescentar a normopatia no espectro de validade desta postulação metapsicológica.

de um processo lógico que não se confunde com o processo secundário[12].

Para situar na obra de Freud a matriz teórica que explica um modo de funcionamento mental em que a vida fantasmática está empobrecida e no qual o recalcamento não é o mecanismo de defesa corrente na produção do sintoma, temos, então, de nos remeter aos primeiros tempos da psicanálise. É na diferenciação que ele fazia entre *neuroses atuais* e *psiconeuroses* (Freud, 1894) que vamos encontrar os elementos teóricos originais para pensar a problemática da normopatia, muito embora não se trate, no texto freudiano, de uma abordagem direta desta questão

Os estudos iniciais de Freud sobre as neuroses ficaram marcados pela distinção entre as chamadas *neuroses atuais* (que compreendiam a neurastenia e a neurose de angústia) e as *psiconeuroses* (histeria, neurose obsessiva e fobia). Aos poucos, entretanto, o conceito de *neurose atual* foi deixando de aparecer em seus trabalhos, como que sendo colocado à parte do campo propriamente psicanalítico. Todavia, como procurei demonstrar em uma outra ocasião (Ferraz, 1997), observamos que muitos dos aspectos por ele descritos como peculiares às neuroses atuais podem se aplicar ao que, na psicopatologia contemporânea, convencionou-se chamar de *afecções psicossomáticas* e

---

[12] Dejours (1986) afirma que este modo operatório do funcionamento mental do qual fala coincide com aquele que Winnicott atribui ao "falso *self*". Veremos no próximo capítulo um pouco do ponto de vista winnicottiano sobre o problema da normopatia.

de *síndrome do pânico* (a primeira superpondo-se à neurastenia e a segunda à neurose de angústia).

O termo *atual* exprime, conforme observaram Laplanche & Pontalis (1967), mais do que um sentido de "atualidade no tempo": estende-se ainda à "ausência daquela mediação que encontramos na formação dos sintomas da psiconeurose (deslocamento, condensação, etc.)" (p. 382). Freud já alertara – antecipando a importância que isso viria a ter no futuro para as expansões da teoria e da clínica psicanalíticas – para o fato de que havia duas formas bastante diferentes de se processar a excitação psíquica: transformando-a diretamente em angústia – donde resultariam sintomas predominantemente somáticos ou não simbólicos – ou então procedendo-se à mediatização simbólica, donde resultariam sintomas eminentemente psíquicos.

Deste modo, o que delimitaria o domínio das neuroses atuais não seria apenas esta peculiar relação de temporalidade. Seriam também as características *somáticas* da sintomatologia. É assim que, na neurastenia, podiam ser encontrados sintomas tais como pressão intracraniana, inclinação à fadiga, dispepsia, constipação, irritação espinhal, etc. No outro subgrupo das neuroses atuais, o da neurose de angústia, este tipo de sintomatologia teria menos importância; os traços sintomatológicos proeminentes estariam todos gravitando em torno do "sintoma nuclear" da angústia, e seriam: sobressalto, inquietude, ansiedade expectante, ataques de angústia completos, rudimentares ou suplementares, vertigem locomotora, agorafobia, insônia, maior sensibilidade à dor, etc.

Ora, é neste grupo de afecções psicopatológicas que julgo situar-se a normopatia, que aparece, muitas vezes, como pano de fundo da expressão sintomática de pacientes que tendem tanto a somatizar como a ter ataques de angústia livre ou pânico. Freud entreviu com sua genialidade, ainda que tenha se confundido no tocante às considerações etiológicas, que o sintoma, nas neuroses atuais, não se constituía como um retorno do recalcado – da sexualidade infantil recalcada – nos moldes da psiconeurose, nem tampouco constituía-se como uma formação simbólica, metafórica ou metonímica. É nesta constatação que encontramos um ponto de partida na teoria freudiana para todo o campo de estudos da psicossomática que veio a se consolidar posteriormente na França, a partir dos anos 70, dentro da escola psicossomática de Paris. Foi a produção teórica dos autores desta escola – particularmente a de Pierre Marty – que forneceu a Joyce McDougall, como veremos adiante, os elementos que lhe permitiram dar forma a uma problemática psicopatológica que lhe chamava a atenção, a saber, a *normopatia*, na qual o sintoma não é, em absoluto, psiconeurótico.

3.

DESENVOLVIMENTOS CONCEITUAIS PSICANALÍTICOS RUMO À NORMOPATIA

A contribuição da escola psicossomática de Paris

Pierre Marty foi, juntamente com C. David, M. de M'Uzan e M. Fain, o criador da chamada "escola psicossomática de Paris". Como conta Kamieniecki (1994), no seu primoroso livro sobre a história da psicossomática, este fato ocorreu em 1962, logo após o *XXII Congresso de Psicanalistas de Línguas Romanas*, no qual Marty e M'Uzan apresentaram uma comunicação intitulada *O pensamento operatório*, que já se anunciava como um dos textos seminais da psicossomática psicanalítica. Nele, os autores traçavam um perfil psíquico bastante preciso do sujeito potencialmente somatizador. Neste mesmo congresso, outra comunicação da maior importância para a inauguração desta escola de pensamento foi feita por C. David e M. Fain, sob o título *Aspectos funcionais da vida onírica*. Três anos mais tarde, consolidando a psicossomática como uma disciplina que se afirmava diante da medicina e da psicanálise, vinha à luz o livro *A investigação psicossomática*, de David, Marty e M'Uzan[1].

A preocupação central dos autores da escola de Paris era, evidentemente, o fenômeno da somatização. Mas sua contribuição acabou por fornecer à investigação da normopatia o solo teórico em que ela se desenvolveu, dada a similaridade do funcionamento mental do somatizador com o do normopata. Kamieniecki (1994), fazendo uma síntese das características que os autores da escola de Paris atribuíam ao sujeito que tende a somatizar, enumera as seguintes:

- trata-se de uma pessoa bem adaptada socialmente, ou até mesmo sobreadaptada para seus padrões culturais;
- quando em contato com o investigador, não deixa transparecer nenhuma manifestação afetiva;
- julga que tudo vai bem em sua vida, apesar de suas dificuldades ou dos dramas que sua história revela;
- apresenta uma vida onírica pobre, que traduz o bloqueio da atividade fantasmática;
- sua vida mental consciente, qualquer que seja seu nível intelectual ou cultural, parece separada das fontes vivas

---

[1] Para maiores detalhes a respeito da psicossomática, especialmente da chamada "escola de Paris", remeto o leitor ao livro *Psicossomática: de Hipócrates à psicanálise*, de Rubens Marcelo Volich (2000), nesta mesma coleção. A respeito das ideias de Pierre Marty, em particular, recomendo o artigo *A psicossomática de Pierre Marty*, de Wilson de Campos Vieira (1997). De autoria do próprio Marty (1996), o livro *Mentalização e psicossomática* apresenta, de modo bastante sucinto e didático, os aspectos centrais do seu pensamento.

do inconsciente, reduzida ao factual e ao atual, como um pensamento pragmático (*pensamento operatório*);
- revela uma pobreza da expressão verbal;
- tem a necessidade de ver no outro um duplo de si mesmo (mecanismo de *reduplicação projetiva*).

Estas características, tomadas em seu conjunto, traduzem um bloqueio dos investimentos libidinais e agressivos que limita o valor funcional da atividade mental. Elas levaram os autores da escola de Paris a afirmar que *o sintoma somático não tem nenhum sentido*[2]: ele é a marca de um fracasso do trabalho elaborativo do ego em um sujeito que nega a sua própria originalidade. Este tratamento teórico, como se vê, privilegia os aspectos econômicos do funcionamento mental: seu centro explicativo está no bloqueio da capacidade egoica em representar as demandas instintivas que o corpo dirige à mente.

Marty (1996) detectou, em numerosos doentes orgânicos de todos os tipos, um modo de funcionamento mental que lhe pareceu, de fato, estruturalmente diferente daquele dos neuróticos estudados por Freud e pela psicanálise até então. Estes pacientes tinham características muito mais próximas às das *neuroses atuais* do que às da *histeria*, valendo-nos do vocabulário da nosografia freudiana inicial. Tratar-se-ia, de acordo com a terminologia de Marty, de sujeitos *mal mentalizados*.

---

[2] Este postulado da escola de Paris, que gerou uma grande polêmica na psicossomática psicanalítica, tem sido alvo de constantes discussões e contestações, como por exemplo, nos trabalhos de Joyce McDougall e Christophe Dejours.

O conceito de *mentalização*, junto ao de *pensamento operatório*, foi um dos pilares teóricos fundamentais à argumentação dos psicossomaticistas franceses. A *mentalização* diz respeito à quantidade e à qualidade das representações, inconscientes e pré-conscientes, em um dado sujeito. Marty (1996) define as representações, no sentido freudiano, como "uma evocação de percepções que foram inscritas, deixando traços mnêmicos". Acrescenta que "a inscrição das percepções e sua evocação posterior são, na maioria das vezes, acompanhadas de tonalidades afetivas agradáveis ou desagradáveis" (p. 15). A riqueza de representações, assim, foi denominada *boa mentalização*, sendo peculiar à neurose ou psiconeurose da psicanálise; a *má-mentalização*, por seu turno, correlata ao *pensamento operatório*, é peculiar ao somatizador[3].

Com ligeiras diferenças, como se vê, a descrição que os autores da escola de Paris fazem do somatizador pode, *grosso modo*, aplicar-se ao normopata, ainda que este não apresente necessariamente somatizações.

Outros estudiosos da psicossomática, alguns de dentro da escola de Paris, outros apenas mais ou menos influenciados por ela, deixaram descrições do perfil do paciente que somatiza

---

[3] Cabe aqui reproduzir um pequeno exemplo por meio do qual Marty (1996) ilustra o conceito de *mentalização*: "uma boneca, que de início é sentida como algo visível e palpável pelo bebê, adquire progressivamente o valor afetivo de uma 'criança', e mais tarde, no adolescente e no adulto, o sentido metafórico de uma 'mulher sexuada'. O conjunto é inscrito no pré-consciente". Isto configuraria uma boa mentalização. Em uma desorganização patológica do pré-consciente, em que ocorra uma "desmentalização", "a palavra 'boneca' pode então não evocar no sujeito em questão nada mais que 'brinquedo de criança'" (p. 17).

muito semelhantes às de Marty. É claro que, na discussão que se trava entre estes autores e seus seguidores mais próximos, ou nas análises que se fazem de sua contribuição, são as diferenças do pensamento que importam e que acabam se sobressaindo. Mas eu gostaria de chamar a atenção para o contrário, ou seja, para uma certa semelhança que existe entre eles, semelhança que não me parece concernir a seus aspectos marginais, mas a um aspecto central do trabalho destes estudiosos. Valendo-se de terminologias distintas, são variações em torno das ideias de *pensamento operatório* e de *má-mentalização*, associadas a características psíquicas tais como a sobreadaptação e a pobreza da atividade fantasmática e da expressão verbal.

É assim que Nemiah & Sifneos (1970) falam de *alexitimia*, palavra formada a partir do grego *a* (sem), *lexis* (palavra) e *thymos* (emoção), para definir uma síndrome clínica na qual o indivíduo apresenta uma considerável dificuldade para verbalizar seus sentimentos e emoções. Esta síndrome seria decorrente de um problema neurológico sem lesão anatômica, encontrada frequentemente em pacientes atingidos por doenças orgânicas. Sua etiologia poderia estar relacionada a traumatismos precoces, que acarretam um prejuízo no desenvolvimento, a exemplo do que ocorre nas neuroses traumáticas[4].

---

[4] Uma discussão detalhada sobre o trauma e suas consequências psicopatológicas encontra-se no livro *Neurose traumática: uma revisão crítica do conceito de trauma*, de Myriam Uchitel (2001), nesta mesma coleção.

Joyce McDougall (1989b) fala em *desafetação*, um distúrbio da economia afetiva verificado no paciente que somatiza, no qual as palavras perdem sua função de ligação pulsional, tornando-se congeladas, esvaziadas de substância e de significação. Em suma, o discurso, ainda que perfeitamente inteligível e coerente – até mesmo intelectualizado, diz ela – encontra-se totalmente desprovido de afetos. Foram os pacientes "desafetados", considerados "normais" por si próprios e pelos outros, que a inspiraram para a criação do termo "normopata"[5]. Para ela, estas pessoas "chegam a pulverizar qualquer vestígio de sentimento profundo, o que implica que uma experiência que esteve na origem de uma emoção intensa não é reconhecida como tal e, por isso mesmo, não pode ser elaborada psiquicamente" (p. 99).

Sami-Ali (1995) criou o conceito de *recalcamento do imaginário* para caracterizar o mecanismo que conduz à somatização, em contraposição à conversão histérica. Na histeria ocorre um fracasso do recalcamento, e o sintoma constitui o retorno do recalcado, na clássica fórmula freudiana. Na somatização, segundo Sami-Ali, há um sucesso do recalcamento; mas trata-se, aqui, do *recalcamento do imaginário*, que vai dar origem a formações caracteriais, diferentemente do que ocorre na conversão histérica, quando o sintoma, apesar de recair sobre o corpo, é eminentemente psíquico, isto é, concernente ao corpo

---

[5] Apesar da grande semelhança entre a estrutura psíquica do somatizador e a do normopata, McDougall estabelece as diferenças entre ambos, como veremos mais adiante, na seção dedicada a esta autora.

erógeno e não ao corpo somático. A ausência de fantasmas verificada no sujeito que somatiza surge, então, como uma defesa desesperada contra uma realidade traumática, que diz respeito à própria realidade corporal.

Liberman e colaboradores (1986), na Argentina, enfatizaram o papel da *sobreadaptação* na determinação da disposição que certas pessoas têm de padecer de manifestações corporais patológicas. Esta *sobreadaptação* à realidade ambiental dar-se-ia de forma dissociada das necessidades e possibilidades emocionais e corporais do sujeito, que tende a ser alguém sempre cordato e a privilegiar em excesso o ajustamento à realidade exterior, a produtividade e o cumprimento de exigências, num quase completo desconhecimento das mensagens que provêm do seu interior emocional e corporal.

O modelo de funcionamento mental que se depreende das abordagens que acabamos de ver, que remetem todas, com maior ou menor proximidade, ao pensamento operatório, pode ser, muitas vezes, extensivo ao campo da psicose, por mais que esta se oponha à psicossomatose na forma da sintomatologia. Marty & M'Uzan (1962) já chamavam a atenção para o fato de que o pensamento operatório, conquanto caracterizasse efetivamente as psicossomatoses, não seria de todo estranho em algumas categorias de psicoses. Sugeriam, assim, que esta ligação fosse objeto de maiores investigações.

Christophe Dejours (1986) talvez seja um dos autores que mais tenham explorado esta ligação. Ele procura demonstrar como o discurso, na psicose paranoide compensada, busca um "recurso apaixonado" à lógica e à racionalidade, que, contudo, não caracteriza propriamente o processo secundário do pré-consciente, pois apoia-se quase que exclusivamente no consciente. A fim de evitar a destruição de seu aparelho psíquico, o psicótico paranoide compensado tenta aplicar aos seus pensamentos o mesmo tratamento lógico que aplica a tudo o que o cerca: "o Consciente com seu processo racional apodera-se dos pensamentos que insistem à porta da Psique e o paranoico começa a interpretá-los para em seguida integrá-los ao seu sistema racional. *De lógico, seu pensamento torna-se paralógico.* Começa, então, o delírio interpretativo, por regra admiravelmente coeso e coerente" (p. 121).

Com o somatizador algo semelhante se passa, à diferença de que a "explosão" do aparelho psíquico não ocorre, como na descompensação psicótica. Ele conserva a todo custo as aparências da normalidade, não revelando exteriormente a sua loucura. Sua atuação, sob a forma de descarga sobre o soma, mantém-no calmo e pacífico. No entanto, a somatização nem sempre é capaz de absorver a totalidade do impulso a ser descarregado, sendo possível aparecer construções delirantes e atuações violentas nos somatizadores, ainda que não "espetaculares".

Eu próprio tive a oportunidade de analisar uma moça que, entre outras doenças somáticas, apresentava um quadro de colite bastante severo. Seu discurso, caracterizado por relatos factuais exaustivos sempre presos ao mundo exterior, não deixava dúvidas quanto à sua inclusão na categoria de "operatório", na acepção de Marty e M'Uzan. Apesar de extremamente apegada à realidade externa e de nunca se referir ao seu mundo de emoções e sentimentos, em algumas ocasiões ela se punha a me contar, sem alteração do tônus afetivo ou do ritmo da fala, sobre seus poderes paranormais: via a aura das pessoas, previa toda sorte de acontecimentos – especialmente os trágicos -, sabia ler as mãos com perfeição, produzia à distância curas quase milagrosas em doentes, valendo-se apenas do poder de sua mente, etc. Estas coisas me pareciam exemplos claros de um processo de confabulação psicótica de aspecto delirante, e constituíam para mim uma espécie de confirmação clínica da proximidade, aparentemente tão paradoxal, do funcionamento mental na psicossomatose e na psicose, da qual fala Dejours.

Eu acrescentaria neste esquema, por extensão, a normopatia, lembrando que Jung, como vimos, chamou-a de *psicose latente*, do mesmo modo como Winnicott veio a fazer.

O *"antianalisando"* de Joyce McDougall

Joyce McDougall, como já vimos, foi a responsável pela primeira sistematização da noção de *normopatia*, além de inventora do próprio termo. Suas ideias sobre o funcionamento do normopata, particularmente sobre as dificuldades que ele traz para a técnica analítica, estão presentes em diversos dos seus textos. Entretanto, uma boa síntese de sua visão da normopatia encontra-se em um capítulo do livro *Em defesa de uma certa anormalidade*, intitulado *O antianalisando em análise*. É neste texto, portanto, que vou me basear para fazer um levantamento sucinto das características que ela atribui a este tipo de paciente.

McDougall (1978a) inicia este capítulo fazendo um retrato quase completo do *antianalisando*, também chamado por ela de *analisando-robô*, visto que ele dá a impressão de ser alguém que se movimenta no mundo à maneira de um autômato, expressando-se primordialmente por meio de "chavões e ideias convencionais":

> Sob este título ingrato, pretendo traçar o perfil de um certo tipo de analisando. Espero poder ilustrar alguns aspectos que nos permitem reconhecê-los, e talvez até esboçar um "retrato de família" clínico: o do paciente bem-intencionado, cheio de boa vontade, que desde o início sente-se à vontade na *situação analítica* (que não deve ser confundida com o *processo* analítico), à medida que aceita sem maiores problemas o protocolo analítico em seus aspectos formais. Este analisando vem regularmente às consultas, chega na hora, preenche os silêncios da sessão com um relato claro e contínuo, paga os honorários do analista no último dia do mês... e é só! Após algumas semanas de escuta, você constata que absolutamente nada aconteceu, nem no nível do discurso dele, nem entre ele e você. Nenhum afeto transferencial é exprimido; as recordações de infância, que não deixam de surgir, parecem petrificadas, divorciadas do momento presente, desprovidas de afeto. Aliás, este analisando prefere abertamente falar

NORMOPATIA: SOBREADAPTAÇÃO E PSEUDONORMALIDADE

de coisas atuais. Ele nos traz invariavelmente um diário de bordo de sua vida cotidiana. A coloração afetiva, contudo, não é matizada, nem de angústia, nem de depressão. Pouco afável em suas relações (ele poderia dizer muito à vontade: "O amor? Ora, isso não passa de uma palavra de quatro letras!"), irrita-se frequentemente com os outros, embora raramente questione-se a si próprio. Entretanto, não parece ser uma pessoa feliz, ou estar satisfeito com a vida que leva. E apesar da assiduidade, tanto a dele, como a do analista, *o processo analítico não é desencadeado*. (p. 83)

Este antianalisando, prossegue McDougall, fala sempre de um modo absolutamente compreensível; fala de *coisas*, mas jamais da *relação entre elas*, ou seja, não é capaz de *associar livremente* na situação analítica, como se solicita a um analisando. Não exprimindo afeto transferencial algum, não pode fazer de sua análise uma experiência *viva* e propiciadora de uma *mudança psíquica*. Sua linguagem é fática: não deixa transparecer as influências do mundo do sonho sobre o mundo consciente, nem dá indícios de uma ligação associativa entre passado e presente, de laços afetivos genuínos com outras pessoas ou com o próprio analista. Diante do seu discurso, é possível que o analista fique desconcertado, sem conseguir saber o que significa para seu analisando. No entanto, foi movida exatamente por esta contratransferência tão particular que Joyce McDougall pôs-se a esboçar um perfil analítico destes pacientes, propondo algumas conclusões teóricas sobre eles.

A contratransferência é, segundo ela, o meio privilegiado para se conhecer o mundo mental do antianalisando, já que seu discurso pouco revela, a não ser a sua "pobreza imaginativa" e a sua "incapacidade de compreender o outro", expressões não só do bloqueio de sua afetividade, como até mesmo de seu raciocínio[6]. Com tais características, este paciente não proporciona ao analista o prazer que o exercício de sua função poderia lhe trazer. Além do mais, ele culpabiliza o analista pela situação de estagnação da análise, já que cumpre com regularidade o protocolo analítico contratado! Deste modo, não é raro que o analista sinta-se perturbado diante deste paciente, pois não há recurso analítico disponível que produza uma alteração deste estado de coisas.

McDougall (1978a) confessa suas inquietações e as perguntas que costumava fazer a si mesma quando, não conseguindo vislumbrar um recurso analítico que alterasse o estado petrificado do mundo psíquico de seu paciente normopata, sentia na pele um verdadeiro impasse. Ela descreve como tais inquietações e perguntas surgem na mente do analista com um colorido verdadeiramente dramático:

> Trata-se de alguma resistência de minha parte em compreendê-lo? Deveria ter efetuado interpretações kleinianas profundas? Ou tê-lo sacudido no bom estilo reichiano?

---

[6] *Raciocínio*, aqui, no sentido que Bion dá ao termo, conceituando-o como *elemento-alfa*.

Batido com força nesta armadura de cimento? No entanto, sei também que elaborei hipóteses, sei que tentei diversas interpretações! Contudo, assinalar carências ou propor fantasmas só pode levar este tipo de paciente à conclusão de que o analista tem problemas. "Mas eu lhe digo o que me vem à cabeça. Do que mais você quer que eu fale?" Será então que é preciso sacudir a própria austeridade do protocolo analítico? Analisá-lo face a face, informalmente? Quem sabe no bar da esquina? Sacudi-lo violentamente? Se por um lado meu paciente é incapaz de fantasmar, eu, ao contrário, sinto-me invadida por ideias esquisitas; porém, esses impulsos de trocar de lugar, de passar ao ato, me transformam no "antianalista". O protocolo que protege o paciente contra a minha violência em relação a ele é o mesmo que me mantém no papel de analista. Todavia, se não cedo à vontade de agredi-lo, não posso ceder à sonolência que ele me provoca! (p. 85-86)

Joyce McDougall chega a se perguntar, então, por que foi levada a aceitar tais pacientes em análise. Teria havido um erro de avaliação inicial quanto à sua analisabilidade? Ocorre que este tipo de paciente, segunda ela, faz um pedido de análise aparentemente aceitável. Quando iniciada a situação analítica, no entanto, o analista vai se dando conta da pobreza da linguagem do paciente e da falta de afetividade no conteúdo de seu discurso. O excesso de ideias convencionais e a banalidade das opiniões, confessa McDougall, levaram-na, algumas vezes, a supor que estes pacientes padecessem de uma espécie de "retardo afetivo". O que resta de uma problemática neurótica no funcionamento psíquico destas pessoas não chega a suscitar-lhes nenhuma curiosidade. Ademais, mesmo as situações mais dramáticas de suas vidas, como perdas ou abandonos, serão tratadas sem emoção e sem ressonância transferencial.

A transferência que surge nestas análises, prossegue McDougall, dá a impressão de vazio, pois os afetos transferenciais dificilmente são exprimidos; nem mesmo a agressividade, que tais pacientes dirigem livremente às pessoas de seu convívio, transparece na relação com o analista.

> À parte algumas poucas recordações inalteráveis, o analisando permanece *colado ao momento presente*. Como um jornalista, ele parece viver em função da crônica do dia. Se no seu passado não faltam acontecimentos traumáticos, e muito menos no seu cotidiano, ele parece contudo extirpar-lhes a vitalidade, sobrando apenas o aspecto estritamente "corriqueiro". A expressão afetiva de seu mundo interno é linear, fria – exceto no que diz respeito às queixas que às vezes se transformam num sentimento de cólera contra os seus semelhantes ou contra a própria condição humana. Apesar disso, ele mantém uma estabilidade em suas relações objetais e recusa qualquer ideia de separação dos seus objetos de rancor. (p. 89)

McDougall supõe que o seu antianalisando, em sua história psíquica, não teve condições de recorrer ao recalcamento como mecanismo de defesa, pois isto o levaria a ter sonhos, sintomas neuróticos e a manifestar a transferência na análise. Assim, diz ela, "eles parecem ter perdido o contato com eles próprios". O vácuo na relação, deixado pela pobreza das manifestações transferenciais, fala de um mecanismo de defesa arcaico, erigido quando, diante de afetos insuportáveis, a criança procurou criar uma espécie de vazio entre ela e o Outro. Deste modo, por meio da negação da realidade deste Outro, ela logrou êxito em *anular* tais afetos insuportáveis. Mas, a partir daí, o sentido da alteridade torna-se permanentemente prejudicado. O normopata, negando a alteridade, não corre o risco de perder-se no Outro, como faz o psicótico. Para ele, diz McDougall, "o Outro se torna um objeto perdido internamente". Assim, sua capacidade de identificação com o Outro inexiste: não há acesso à alteridade, e o Outro só pode ser concebido como uma réplica do próprio sujeito. Trata-se do fenômeno da *reduplicação projetiva*, já postulado pelos autores da escola psicossomática de Paris. A alteridade é, pois, recusada durante a maior parte do tempo; mas, quando se depara com uma diferença incontestável com relação ao Outro, diferença que não pode passar despercebida – seja de opinião, crença ou gosto –, o normopata costuma reagir com agressividade.

A *recusa da alteridade,* mecanismo que remonta à vida precoce, surge de uma relação objetal revestida por aspectos traumáticos que devem ser de tal monta violentos para o sujeito, que esta se torna uma das poucas alternativas possíveis para a própria sobrevivência psíquica. O que encontramos quando temos algum sucesso na investigação da sua história de vida são situações de extrema violência e dor, cuja intensidade, se vivida plenamente, teria um potencial francamente disruptivo para o aparelho psíquico. As emoções precoces que experimentaram devem ter representado uma ameaça ao seu sentimento de integridade e identidade. A defesa há que ser, portanto, maciça.

Em um trabalho posterior ao artigo sobre o antianalisando, Joyce McDougall (1989b) chega a aprofundar sua impressão inicial, afirmando de modo mais enfático "o abismo de desespero e a experiência de morte que estão no segundo plano do sofrimento e dos protestos indignados" destes pacientes. Isto justifica, segundo ela, a forte resistência à mudança psíquica que eles apresentam, pois "estão convencidos de que a mudança só pode ser-lhes desfavorável". A força de inércia é, então, a "única proteção de que dispõem contra um retorno a um estado traumático insuportável e inexprimível". Profundamente infeliz, o normopata só vislumbra algum refúgio "por trás de um muro de pseudonormalidade, a fim de tentar se proteger de qualquer tomada de consciência de sua vivência afetiva" (p. 102-3).

Joyce McDougall (1989b), tecendo considerações sobre a etiologia da normopatia, faz a hipótese de que em sua origem existe um discurso familiar que preconiza um "ideal de inafetividade" e condena a "experiência imaginativa". Ora, isto remonta necessariamente a uma patologia parental que se expressa, por exemplo, pela falta de uma ressonância afetiva, na figura materna, da excitação vivida pela criança. Deste modo, a mãe é percebida pelo filho como incapaz de interpretar os sinais emocionais que ele emite em sua direção. Afinal, nos primórdios da vida a mãe tem o papel fundamental de *interpretar* os gritos e gestos do bebê, formas primitivas de comunicação que precedem a palavra. Ao interpretar esta comunicação primitiva, a mãe fornece ao bebê *nomes* para seus estados afetivos. Portanto, o acesso à simbolização não é uma capacidade inata do bebê. É a mãe que prepara seu caminho e a substitui, enquanto ela ainda não é uma função psíquica constituída, através de sua interpretação. Ora, esta função da mãe encontra-se na dependência de sua capacidade para funcionar como espaço de ressonância afetiva, e pressupõe o seu contato íntimo com o bebê[7].

O "engessamento" da subjetividade que se verifica no normopata é complementar à recusa da alteridade: trabalhando em conjunto, estes mecanismos impedem a circulação entre o interior e o exterior, ou seja, entre o eu e o Outro. Da mesma forma como não chegam a conceber uma alteridade psíquica, não podem perceber em si mesmos nenhum sofrimento psíquico, o que significa uma carência muito grave. Talvez não seja demasiadamente exagerado dizer que o normopata, no fundo, busque livrar-se do *pathos*, no sentido que este tem, para ele,

---

[7] Sobre o papel de ressonância afetiva da mãe, ver o artigo A *dor psíquica e o psicossoma* (McDougall, 1978c); sobre a comunicação primitiva, ver o artigo A *contratransferência e a comunicação primitiva* (McDougall, 1978b).

de lembrança desconfortável de que vivemos "na dependência permanente do Outro" (Berlinck, 2000, p. 20).

Por fim, para concluir este levantamento da contribuição de Joyce McDougall à normopatia, cabe explicitar as diferenças entre o normopata e o somatizador, pois, unificados pelo pensamento operatório, foram até aqui tratados mais propriamente em suas semelhanças. Os pontos comuns entre eles são reconhecidos por nossa autora, que, no entanto, teve o cuidado de demarcar a peculiaridade de cada uma destas formas de psicopatologia, recusando inclusive a opinião de um colega especialista em clínica psicossomática que lhe sugeria tratar-se de uma mesma problemática. Este analista dizia-lhe, conta ela, que seus antianalisandos ainda apresentariam um dia uma somatização, previsão que sua experiência refutou.

Este tipo de paciente difere dos "inanalisáveis" clássicos, que não toleram o protocolo analítico, desistem do tratamento, produzem os mais variados tipos de *actings* ou simplesmente sucumbem ao delírio. O antianalisando, ao contrário, não descola em absoluto da realidade nem comete *actings*, dentro ou fora da situação analítica, nem mesmo aquele que seria a passagem ao ato que incide sobre o próprio corpo, isto é, a *somatização*. Portanto, ele deve ter alguma especificidade em sua constituição psíquica[8].

---

[8] Joyce McDougall (1989b) afirma, contudo, que a somatização é uma via de escape privilegiada para o normopata em situações de estresse, quando pode falhar seu método habitual de "dispersar" os afetos e ele se vê, então, exposto às suas angústias arcaicas do tipo psicótico: "A porta fica então aberta a uma disfunção

Para McDougall a figura do *antianalisando* não coincide com a do paciente psicossomático apenas em razão do fato óbvio de não apresentar doenças psicossomáticas, mas também por um outro aspecto de sua vida psíquica que diz respeito à *economia da agressividade*. O somatizador apresenta uma forma de inércia que se faz visível logo nas primeiras entrevistas. Há neles um rebaixamento do nível do tônus vital, denominado por Marty (1996) *depressão essencial*[9], que difere bastante da depressão melancólica e da depressão neurótica, ambas com um aspecto libidinal ruidoso. A depressão essencial, ao contrário, é silenciosa. Não tem objeto. O sujeito acometido por ela não faz autoacusações nem demonstra uma culpabilidade consciente. Em suma, é uma depressão que se passa no registro exclusivamente econômico, quando a energia vital se perde sem compensações. Trata-se de um fenômeno comparável apenas com a própria morte.

O normopata, ao contrário deste perfil, é plenamente capaz de dirigir sua agressividade a certas pessoas ou a certos aspectos de sua vida, como fica patente em sua irritabilidade contínua, diz McDougall. Seu pensamento operatório está mais para o tipo *hipertônico* do que para o *hipotônico*. Esta diferença

---

psicossomática em resposta ao sinal primitivo proveniente dessa parte do psiquismo que não dispõe de palavras para cercar e refrear esses fantasmas aterrorizantes" (p. 114).

[9] O conceito de *depressão essencial* é mais um dos conceitos-chave da psicossomática de Marty, ao lado do *pensamento operatório*, da *mentalização* e da *desorganização progressiva*. Ver Marty (1996), *Mentalização e psicossomática*.

não deve ser menosprezada. Ela incide de tal modo no aspecto econômico do funcionamento do aparelho psíquico que, por si só, é capaz de se converter no fator decisivo para a ocorrência ou não de somatizações.

A *"doença normótica" de Christopher Bollas*

Em uma passagem do conto *Confissões de uma viúva moça*, de Machado de Assis (1870), Eugênia, a personagem narradora, em uma carta à amiga Carlota, faz o seguinte comentário:

> Fora de casa, tínhamos os teatros animados, as partidas das amigas, mil outras distrações que davam à minha vida certas alegrias exteriores em falta das íntimas, que são as únicas verdadeiras e fecundas. Se eu não era feliz, vivia alegre. (p. 171)

Eis aí uma boa introdução ao pensamento de Christopher Bollas a respeito do assunto deste nosso estudo. Trata-se de uma definição em negativo da personalidade do normopata, pois Eugênia, a basear-me neste pequeno trecho de suas confissões, não padecia da doença normótica: ela reconhecia a existência do mundo interno e sabia-o o *locus* genuíno da alma. Um normótico, na concepção de Bollas, não seria capaz de tal operação, e manter-se-ia atrelado exclusivamente ao palco do mundo exterior, único no qual é capaz de atuar. Trocaria a gratificação da própria intimidade – que sequer pode perceber – por uma outra que lhe é exterior, isto é, aquela que se dá na materialidade das distrações externas; talvez se confundisse ao julgar encontrar *felicidade* nas *alegrias*.

Christopher Bollas, psicanalista de franca inspiração winnicottiana, desenhou com incrível precisão e realismo o retrato do sujeito que padece daquilo que chamou de *doença normótica*, expressão que preferiu para falar, à sua maneira, da mesma problemática que Joyce McDougall já intitulara *normopatia*. Para tanto, valeu-se do referencial teórico deixado por Winnicott, condensando em suas reflexões sobre o normótico boa parte das contribuições deste autor a esta questão. Estas contribuições, aliás, não foram poucas: Winnicott, pode-se dizer, foi um dos autores que maior sensibilidade demonstraram em perceber e acusar a real dimensão da pseudonormalidade estereotipada no quadro da psicopatologia e a sua importância para a clínica psicanalítica.

Bollas (1987b) dedicou um dos capítulos do livro *A sombra do objeto* ao tema que aqui nos ocupa. Embora tenha dado o nome de *doença normótica* ao quadro psicopatológico que procurou descrever, ele reconhece textualmente que se trata do mesmo quadro já trabalhado por Joyce McDougall sob o nome de *normopatia*. Sua abordagem do tema, no entanto, traz indubitavelmente novas contribuições, enriquecendo o campo aberto pela autora pioneira. Podemos reconhecer em seu trabalho a marca do pensamento winnicottiano, razão pela qual limitar-me-ei aqui ao seu texto, tomando-o como autêntico porta-voz da contribuição de Winnicott à nossa questão[10].

O ponto de partida de Bollas encontra-se no livro *O brincar e a realidade*, de Winnicott, mais especificamente na postulação que faz este autor da *apercepção criativa* como a condição primordial para que alguém dê sentido à própria vida. A ausência ou uma séria deficiência desta função psíquica conduziriam a um certo distúrbio da subjetividade humana em que a realidade percebida objetivamente é investida de modo exclusivo, asfixiando a abordagem criativa dos fatos e produzindo uma verdadeira alienação do mundo subjetivo.

A "pulsão específica para a normalidade", neste caso, torna-se hipertrofiada e acaba por entorpecer – ou até mesmo por obliterar – a subjetividade, e o *self* passa a ser, para o sujeito, apenas mais um objeto material entre tantos outros objetos do mundo. Algumas pessoas obtêm um êxito quase completo em sua tentativa de neutralização do elemento subjetivo da personalidade, quando seu potencial criativo se vê praticamente

---

[10] Bollas (1987b), embora se utilize primordialmente da obra de Winnicott e cite Joyce McDougall como autora inaugural da noção de *normopatia*, lembra que outros autores também deram contribuições relevantes a este tema. Entre eles, cita nominalmente P. L. Giovacchini ("The blank self". In *Tactics and techniques in psychoanlytic therapy*. London: Hogarth, 1972), que falou em "*selves* inexpressivos"; J.-L. Donnet & A. Green (*L'enfant de ça*. Paris: Minuit, 1973), que falaram em "psicoses inexpressivas"; e L. Hedges (*Listening perspectives in psychotherapy*. New York: Aronson, 1983), que falou em "personalidade organizadora"; além destes, Bollas lembra que M. M. R. Khan (*The privacy of the self*. London: Hogarth, 1974 e *Alienation in perversions*. London: Hogarth, 1979) e R. S. Stoller (*Splitting*. New York: International University Press, 1973 e *Perversion*. London: Harvester, 1976) dedicaram-se a explorar alguns aspectos específicos dessas personalidades.

solapado. Segundo Winnicott, elas desenvolveram uma mente que se caracteriza mais pelo objetivo do que pelo psíquico, isto é, não se dirigem para a "simbolização representacional dos sentimentos, sensações e percepções intrassubjetivas", mas, antes, procuram ser "o eco da concretude inerente aos objetos materiais" (Bollas, 1987b, p. 170). De um modo sintético, Bollas (1987b) assim as define:

> Uma pessoa normótica é aquela anormalmente normal. É demasiadamente estável, segura, à vontade e socialmente extrovertida. É fundamentalmente desinteressada da vida subjetiva e tende a refletir-se na concretude dos objetos, na sua realidade material, ou nos "dados" que se relacionam com fenômenos materiais. (p. 171)

Toda atividade psíquica defensiva que consista na transferência de um estado mental subjetivo para um objeto externo, resultando numa dessimbolização do conteúdo mental, poderia ser considerada uma espécie de "elemento normótico comum" da personalidade, passível de estar presente em qualquer pessoa. Mas quando este recurso é usado demasiada ou exclusivamente, já se pode falar então em *doença normótica*:

> As pessoas normoticamente perturbadas alojam com sucesso diversas partes e funções de seus mundos internos em objetos materiais, e mesmo que os use e reúna em um espaço familiar não servem para nenhum propósito simbólico. Este

> indivíduo está vivo em meio a uma profusão de coisas sem
> sentido. (p. 171)

A característica fundamental do normótico é, assim, sua aversão ao elemento subjetivo, seja em si mesmo, seja no outro. Por um lado, isto faz com que sua capacidade de introspecção seja muito pequena, e, por outro, impede-o de olhar para o outro com profundidade. Seu interesse maior é sempre pelos fatos, cujo armazenamento lhe é pacificador. Ele busca até mesmo *tornar-se* um fato, um número, o que o leva a sentir-se particularmente à vontade e sob proteção em ambientes coletivos, como clubes, times, agremiações políticas e de outras espécies, etc. Nas relações pessoais e no relacionamento amoroso, costuma preferir as pessoas que tenham uma mente semelhante à sua: deste modo, ele diminui o risco de encontrar em suas relações uma "reivindicação de subjetividade".

O normótico esforça-se por levar uma vida normal, ordinária: trabalha, pode ter humor, rir, etc. Mas, no lugar de sentir tristeza, por exemplo, ele pode simplesmente moderar a sua atividade; a angústia e a depressão não se apresentam no plano mental, mas conduzem-no a refrear sua busca de felicidade. É no campo privilegiado da *ação*, portanto, que sua vida se desenrola, podendo ele, em casos extremos, agir à feição de um robô. O *workaholic* do mundo contemporâneo poderia servir como um bom exemplo disso[11].

---

[11] Em um outro texto, intitulado *O mal estar no trabalho* (Ferraz, 1998), explorei com maior precisão o caráter normótico do *workaholic*, situando-o no contexto

Os padrões morais do normótico não fogem à sua usual estereotipia. Assim, não se articulam à culpa originada no conflito entre ego e superego, mas parecem decorrer da simples introjeção de regras e leis, que ditam o que é certo e o que é errado sem apelo a uma conflitiva psíquica.

Bollas (1987b) supõe que a formação da doença normótica se deva a um desenvolvimento apenas parcial da capacidade de simbolizar o *self*. Isto o leva a buscar uma aproximação teórica com Bion[12], em cuja linguagem poder-se-ia dizer que o normótico é alguém que apresenta uma pobreza na produção de *elementos-alfa*[13], isto é, alguém com dificuldade em estocar e manter as impressões da experiência disponíveis para o pensamento. Esta falha no funcionamento mental significa que o sujeito registra e comunica seu ser através de *elementos-beta*[14], ou seja, os fatos de sua vida existencial não são "digeridos"

---

mais amplo da psicopatologia do trabalho; utilizei-me, para tanto, desta referência feita por Bollas. Para maiores detalhes sobre este assunto em particular, remeto o autor ao livro *Estresse*, de Maria Auxiliadora de Almeida Cunha Arantes & Maria José Femenias Vieira (2002), nesta mesma coleção.

[12] Nesta discussão com Bion, Bollas refere-se ao livro *Seven servants* (New York: Aronson, 1977).

[13] O termo *elemento-alfa* foi deliberadamente escolhido por Bion por não possuir, *a priori*, significado algum. Por meio deste conceito ele procurou definir a função que tem o aparelho psíquico de processar as experiências emocionais, ocorridas seja na vigília seja no sonho, de modo a produzir os chamados *pensamentos do sonho*, que ficam arquivados na memória e se tornam disponíveis para o pensar.

[14] Os *elementos-beta* referem-se àquilo que aparece na mente quando falha o funcionamento do *elemento-alfa*; dizem respeito às impressões sensórias da experiência e constituem a matéria-prima do pensamento; não sendo digeríveis pelo aparelho psíquico, são armazenados na memória apenas como acúmulo de *fatos*.

ou, melhor dizendo, não evoluem para estados subjetivos da mente, permanecendo no registro sensorial da experiência. Para Bion, o ataque à função-alfa destrói a capacidade do paciente de relacionar-se consigo próprio e com o outro enquanto objetos vivos.

A aproximação com Bion, no entanto, parece limitar-se ao aspecto descritivo. Bollas admite que a descrição que Bion faz do sujeito com deficiência da função-alfa esteja muito próxima à que ele próprio traça do normótico. Entretanto, discorda de Bion quando este atribui ao ódio e à inveja a causa psíquica do ataque à função-alfa. Trilhando o caminho das indicações de Winnicott, Bollas vai localizar na *vida da família* a responsabilidade pelo desenvolvimento da personalidade normótica, chegando a criticar Bion pelo fato deste autor não ter dado suficiente atenção a esta causalidade que ele, Bollas, julga a mais pertinente:

> No nível mais fundamental, o normótico foi entendido somente em parte pela mãe e pelo pai, espelhado por pais cuja capacidade reflexiva estava obscurecida, liberando para a criança apenas o lampejo de um esboço do *self*. Apesar de seu estudo aprofundado sobre a natureza do funcionamento mental, Bion situa o ataque ao funcionamento alfa somente no infante: portanto as referências ao ódio e à inveja. É para mim um motivo de perplexidade a razão pela qual a insanidade na mãe ou no pai, ou entre eles, ou na atmosfera criada por todos os participantes da interação criança-pais, deveria

ser eliminada como uma das fontes possíveis do distúrbio no desenvolvimento infantil da função-alfa. (p. 177)

Bollas atribui a doença normótica da criança, portanto, à presença de pais normóticos, ressalvando, no entanto, que não se trata de uma relação necessária: algumas crianças criadas em um ambiente normótico conseguem "salvar-se", descobrindo e mantendo um mundo subjetivo que contrasta com a vida de seus pais. Os pais normóticos, não podendo estar atentos para a sua própria realidade interna, não se encontram em condições de facilitar a expressão criativa do *self* de seu filho, favorecendo neste, então, a formação de uma personalidade também normótica. Estes pais investem altamente a adaptação do filho às convenções, recompensando-o com elogios e com bens materiais; desestimulam o brincar criativo, não interagindo com as invenções imaginativas da criança:

> A função da transformação do significado em potencial para a inexpressividade reflete um processo derivado dos pais que é instalado no ego para fazer parte de seu procedimento. Essa função do ego está na natureza de uma memória da primeira mãe e do primeiro pai, os quais em suas funções como objetos transformacionais[15] despojaram constantemente as

---

[15] Com a noção de *objeto transformacional*, Bollas (1987a) estende a concepção winnicottiana de função materna. Para Winnicott, a mãe funciona como um ambiente facilitador abrangente, que permite à criança sobreviver, já que sua dependência em relação a ela é total. Bollas acrescenta a esta noção a ideia de que a mãe é

manifestações da criança de sua função significativa. Esse paradigma interacional torna-se uma das muitas regras do caráter da criança. (p. 192)

Bollas associa o desejo que têm os pais do normótico de transformar-se em objetos – empenho que se estende ao seu desejo sobre o filho – à ação da *pulsão de morte*, tal como proposta por Freud (1920) em *Além do princípio do prazer*. A pulsão para o *não ser* dos pais do normótico, de acordo com Bollas, facilita o movimento de retorno para o estado inorgânico, como postulou Freud com a ideia de pulsão de morte. No caso da normopatia, a ação dessa pulsão consiste em "livrar a psique das tensões do ser e transferir o *self* para objetos externos, que se tornam alternativas para a apercepção de si próprio" (p. 179).

De maneira oposta ao que sucede na psicose, quando há uma ruptura na orientação da realidade, o normótico rompe com a própria subjetividade, buscando destituir o cotidiano de sua vida do elemento subjetivo. Se o psicótico se encontra dominado pelas emoções, o normótico se encontra dominado pelas coisas superficiais. Bollas (1987c) propõe uma hipótese interessante para explicar, comparativamente, os diferentes mecanismos que agem na gênese da doença normótica e da psicose.

---

experimentada pelo bebê mais como um *processo* do que como um *objeto*, pois está associada às transformações externas e internas; ela é, portanto, *objeto transformacional* identificado pelo bebê com os processos que alteram a experiência do seu *self*.

No caso da psicose, baseando-se na tradição teórica kleiniana, Bollas (1987c) propõe que o futuro psicótico seja vítima da *identificação projetiva*[16] de seus pais, quando estes, buscando libertar-se de uma parte indesejada de si próprios, compelem o filho a tomá-la para si; *grosso modo*, isto seria uma operação de invasão psíquica que *introduz* em alguém algo que não lhe pertence. No caso da doença normótica, ao contrário, o que estaria em jogo seria um mecanismo diferente, que Bollas chamou de *introjeção extrativa*, tão destrutivo quando a identificação projetiva em sua "violação do espírito de relacionar-se mutuamente", em suas palavras.

A *introjeção extrativa*, embora não seja um mecanismo exclusivo da etiologia da doença normótica, atua em grande parte na formação deste tipo de quadro psicopatológico. Ela ocorre quando os pais *roubam* um elemento da vida psíquica do filho, não permitindo que este tenha a oportunidade de experimentar os sentimentos de culpa nem os impulsos à reparação. A introjeção extrativa é, assim, um processo de invasão oposto ao da identificação projetiva, pois consiste em uma *retirada* de aspectos da vida mental do outro, seguida por sua apropriação. Uma mãe ou um pai podem despojar a criança

---

[16] A expressão *identificação projetiva* foi criada por Melanie Klein "para designar um mecanismo que se traduz por fantasmas (fantasias), em que o indivíduo introduz a sua própria pessoa (*his self*) totalmente ou em parte no interior do objeto para o lesar, para o possuir ou para o controlar" (Laplanche & Pontalis, 1967, p. 302).

de suas condições de elaboração do conflito mental por meio da extração do seu conteúdo mental[17].

> A vítima da introjeção extrativa se sentirá despojada de parte do *self*. Quando esse processo ocorre na infância, a vítima não terá uma ideia clara da razão pela qual certos elementos da vida mental não parecem de direito seu. Por exemplo, uma criança que é atacada constantemente por um pai crítico devido a seus erros irá na vida adulta descontar o valor de sua culpa. (Bollas, 1987c, p. 202)

Um sujeito normótico pode levar uma vida sem sobressaltos quando esta vai bem do ponto de vista material, pois tudo o que valoriza são as coisas externas, em detrimento das satisfações íntimas. Em compensação, quando algo do mundo externo se desarranja, tal como no caso em que um pai de família fica desempregado, pode ocorrer o que Bollas chama de *colapso normótico*. A forma mais comum deste colapso, já que o processamento psíquico da experiência angustiante praticamente inexiste, é, segundo Bollas, o abuso do álcool. Podem ocorrer também outras formas de se tentar processar a crise, mas todas situadas no manuseio do mundo exterior. Assim, é

---

[17] Na verdade, Bollas (1997c) fala em quatro espécies de roubo atuantes na introjeção extrativa: o roubo do conteúdo mental, o roubo do processo afetivo, o roubo da estrutura mental e o roubo do *self*. Para maiores detalhes, sugiro ao leitor a consulta ao texto original de Bollas, no livro *A sombra do objeto: psicanálise do conhecido não pensado* (Rio de Janeiro: Imago, 1992).

possível que numa situação de crise o normótico se entregue compulsivamente ao trabalho, torne-se fanático por exercícios ou procure uma solução química para tentar controlar seu estado emocional. Não é raro que sobrevenham também transtornos psicossomáticos e alimentares. O certo é que, em todas estas formas de reação, o que o normótico busca é evitar o exame introspectivo da origem subjetiva de seu problema.

O "paciente de difícil acesso" de Betty Joseph

Betty Joseph (1975), em um artigo que se tornou bastante conhecido no meio psicanalítico kleiniano, fez uma série de considerações sobre as dificuldades técnicas que surgem na análise de determinados pacientes que ela reuniu sob a denominação pacientes de *difícil acesso*. Certamente a área que ela procurou recobrir sob este nome não se limita ao que estamos chamando de normopatia, mas estende-se a uma variedade de quadros psíquicos que englobam casos com diagnósticos diversos, tais como os de narcisistas, perversos e esquizoides, entre outros. Na verdade, Betty Joseph estava deliberadamente mais preocupada em descrever um problema técnico do que em propor uma classificação nosográfica psicopatológica para abrigar este tipo de paciente.

No que toca ao nosso interesse, o fato é que muitas das dificuldades que Joseph arrola na análise do *paciente de difícil acesso* em muitos aspectos se assemelham ao que Joyce

McDougall e Christopher Bollas perceberam no normopata ou no normótico. A começar pela denominação escolhida por Joseph – paciente de *difícil acesso* – esta coincidência já vai se desvelando, visto que é exatamente o acesso ao seu mundo subjetivo que se encontra obstruído, acesso que é negado ao analista mas que, em primeiro lugar, encontra-se obstruído para o próprio sujeito na relação de si para consigo.

Esta problemática se faz sentir em uma série de pacientes cuja análise apresenta dificuldades técnicas severas, que transcendem aquelas ordinariamente compreendidas pelo fenômeno da resistência, tal como se verifica nos quadros neuróticos. Além de Betty Joseph, outros autores do próprio meio kleiniano – ou que dele receberam influência – foram sensíveis a este tipo de dificuldade e a abordaram como bastante acuidade[18].

O *paciente de difícil acesso* é descrito por Joseph sobretudo através de seu comportamento peculiar no seio da situação analítica. Trata-se, segundo ela, de

---

[18] Betty Joseph menciona quatro autores que teorizaram sobre o mesmo campo clínico que ela procurou explorar sob esta denominação *paciente de difícil acesso*: H. Deutsch ("Some forms of emotional disturbance and their relationship to schizophrenia". In *Neurosis and character types*. London: Hogarth Press, [1942] 1965), que falou em "personalidade 'como se'"; D.W. Winnicott ("Ego distortion and the true and false self". In *The maturational process and the facilitating environment*. London: Hogarth Press, [1960] 1965), que cunhou o conceito de "falso *self*", largamente empregado pela psicanálise do *Middle Group* britânico; D. Meltzer ("The relation of anal masturbation to projective identification. *Int. J. Psycho-Anal.*, 45:332-7, 1964 e também em *Psychotic states*. London: Hogarth Press, 1965), que falou em *pseudomaturidade*; e, finalmente, H. Rosenfeld ("On the psychopathology of narcissism: a clinical approach". *Int. J. Psycho-Anal.*, 45:332-7, 1964), que tratou daquilo que chamou de "escisão das partes dependentes do *self* nos pacientes narcisistas".

um determinado grupo de pacientes muito diversificado em sua psicopatologia mas que apresentam em análise um ponto importante em comum. É muito difícil atingi-los com interpretações e, portanto, oferecer-lhes compreensão emocional verdadeira. (p. 85)

Nesta definição podemos situar o cerne mesmo do problema no trato com estes pacientes: a dificuldade que eles têm na *compreensão emocional*, tal como ocorre com o normopata de McDougall ou com o normótico de Bollas, já que algo como "compreensão emocional" pressupõe necessariamente um contato com o mundo subjetivo. Não havendo apelo possível à subjetividade, a interpretação dirigida ao mundo psíquico não chega a atingir o paciente, do mesmo modo como um hormônio pode ser inócuo se injetado em alguém que não tenha receptores específicos para ele.

O que justifica tamanha inacessibilidade é, segundo Joseph, uma *cisão* (*splitting*)[19] no interior da personalidade destes indivíduos, de tal forma que uma parte do ego seja mantida à distância do analista. Disto resulta o fenômeno da pseudocolaboração que se observa em sua análise, pois o paciente

---

[19] *Spaltung*, no original alemão, também traduzido como *dissociação*, *divisão* e *clivagem*. Trata-se de uma "expressão usada por Freud para designar um fenômeno muito particular que ele vê operar sobretudo no fetichismo e nas psicoses: a coexistência, no seio do ego, de duas atitudes psíquicas para com a realidade exterior na medida em que esta vem contrariar uma exigência pulsional: uma tem em conta a realidade, a outra nega a realidade em causa e coloca em seu lugar um produto do desejo. Estas duas atitudes persistem lado a lado sem se influenciarem reciprocamente" (Laplanche & Pontalis, 1967, p. 101).

aparentemente colabora com o trabalho analítico, cumprindo com a tarefa que lhe é proposta, mas apenas em seu aspecto *formal*. Todavia, a parte necessitada de sua personalidade, que poderia ser mais receptiva ao esforço do analista, permanece escindida. Sua pseudocolaboração visa manter o analista afastado das partes infantis e mais necessitadas do *self*.

> Algumas vezes a cisão toma a seguinte forma: uma parte do ego mantém-se à parte, como que observando tudo que se passa entre o analista e a outra parte do paciente, e destrutivamente impedindo que se faça um contato verdadeiro, utilizando-se para tanto de vários métodos de evitação e evasão. Outras vezes, grandes partes do ego parecem desaparecer temporariamente da análise, resultando em apatia ou extrema passividade – frequentemente associadas ao uso intensivo de identificação projetiva. (p. 85)

O desafio que então se coloca para o analista, neste caso, é o de procurar um meio de entrar em contato com as verdadeiras necessidades e ansiedades do paciente, a fim de que ele também possa fazer o mesmo. Daí a recomendação de Betty Joseph no sentido de se focalizar a atenção, na escuta, primordialmente no método de comunicação deste paciente e na sua reação à interpretação. Isto seria, segundo ela, mais proveitoso do que focalizar o conteúdo de sua fala, pois esta é, frequentemente, mais um veículo de *atuação* do que de *comunicação*.

Normopatia: Sobreadaptação e Pseudonormalidade

O paciente, que parece ter feito uma aliança terapêutica com o analista no início do tratamento, pode tornar-se refratário a uma verdadeira aliança. Não é raro, então, que ele busque trabalhar apenas intelectualmente, inclusive propondo ao seu analista questões pseudoanalíticas que, no entanto, nada têm a ver com a *associação livre*. Ele pode até mesmo chegar a se relacionar com o analista como se fosse um "aliado ligeiramente superior", dando sugestões e corrigindo dados objetivos sobre sua história. Portanto, o risco de uma paralisação no processo analítico é constante, pois do analista requer-se uma cautela redobrada a fim de não cair na armadilha de compactuar com a defesa maciça de seu paciente. O foco exclusivo na transferência como a única saída para atingir este paciente é, portanto, a recomendação de Betty Joseph, recomendação que, aliás, é a espinha dorsal da técnica kleiniana para qualquer espécie de paciente.

> Ao considerar este tipo de problema estou salientando o quão frequentemente a parte pseudocooperativa do paciente impede que a parte realmente necessitada entre em contato com o analista e que, se formos envolvidos nisto, não poderemos realizar uma mudança em nossos pacientes porque não estabelecemos contato com a parte que necessita *da experiência de ser compreendida, como oposta à de "adquirir" compreensão*. A situação transferencial nos dá a oportunidade de ver estas diferentes partes conflitantes da personalidade em ação (p. 89).

Como se depreende da recomendação de Joseph, o foco da técnica analítica é a *localização da cisão do ego*, sendo que o trabalho analítico consiste em *esclarecer* ao paciente o funcionamento das suas diferentes partes, sempre e necessariamente a partir da compreensão da transferência e de sua interpretação. Além disso, é importante que se *mostre* ao paciente o *uso* que este faz daquilo que julga estar acontecendo com o analista. Em alguns momentos o paciente pode perceber algo que se passa com analista, como, por exemplo, um indício de ansiedade em sua voz; sua reação, então, pode ser a exploração triunfante desta percepção, com a finalidade de criticar o analista e evitar compreender suas interpretações. Assim, é necessário que o analista disponha de paciência para trabalhar lentamente e suportar as críticas, sem atribuí-las à projeção da ansiedade do próprio paciente, ou seja, faz-se necessário suportar a *identificação projetiva*.

A chamada parte necessitada do *self* é difícil de ser atingida, podendo ficar por muito tempo indisponível para o analista. A interpretação, para atingi-la, deve ser sempre imediata, referida a fatos próximos da experiência na situação analítica. A interpretação mais distante da experiência do *aqui e agora* pode ser inócua do ponto de vista emocional, levando apenas a uma compreensão intelectual ou teórica. A mudança psíquica está condicionada, assim, à presentificação, na transferência, da parte escindida da personalidade e de sua captação pelo analista.

O paciente a que Joseph se refere faz uso frequente de mecanismos esquizoides e comunica-se concretamente, por meio de *atuação (acting out)*[20]. Ora, ainda que ela não esteja se referindo ao nosso normopata, o modelo clínico que ela aplica à análise do *paciente de difícil acesso* pode, em muitos aspectos, ser extensivo àquele. Trata-se de um modelo clínico, em termos da especificidade dos mecanismos de defesa e das dificuldades técnicas deles decorrentes, igual ao que a própria autora demonstra utilizar na clínica da perversão (Joseph, 1971), quando o paciente tem o funcionamento psíquico pautado por excelência pela cisão e pelo *acting out*, dentro e fora da situação analítica[21].

A ênfase dada por Betty Joseph no mecanismo de *cisão do ego* operante nos pacientes ditos "difíceis" segue a linha mestra da psicanálise de Melanie Klein, que, por sua vez, inspirou-se no esquema metapsicológico que Freud introduziu com o modelo da perversão. A partir do texto sobre o fetichismo, Freud (1927) ampliou, com efeito, o potencial da psicanálise para a compreensão dos quadros psicopatológicos não neuróticos,

---

[20] *Acting out* é um "termo usado em psicanálise para designar as ações que apresentam, a maior parte das vezes, um caráter impulsivo, rompendo relativamente com os sistemas de motivação habituais do indivíduo, relativamente isolável no decurso das suas atividades, e que toma muitas vezes uma forma auto ou hetero-agressiva. (...) Quando aparece no decorrer de uma análise (quer seja na sessão, quer fora dela), o *acting out* tem de ser compreendido na sua conexão com a transferência, e frequentemente como uma tentativa para a desconhecer radicalmente" (Laplanche & Pontalis, 1967, p. 27).

[21] Sobre a clínica da perversão, ver o capítulo 5 (*A possível clínica da perversão*) do livro *Perversão* (Ferraz, 2002; 2ª edição ampliada), nesta mesma coleção.

como a psicose, a psicopatia, a perversão propriamente dita, as somatizações, as adições, etc. Nestes casos, diferentemente do que ocorre na neurose, o fenômeno da cisão do ego é proeminente, o que requer uma elasticidade no manejo clínico. Considero pertinente a inclusão da normopatia neste campo da psicopatologia, ressalvando as peculiaridades que a distinguem dos quadros citados acima.

O *paciente de difícil acesso* de Betty Joseph, como ela própria ressaltou, não é um tipo psicopatológico, mas sobretudo uma espécime clínica. Assim, cumpre lembrar que, a despeito de sua semelhança com o perverso, no que toca à difícil acessibilidade na clínica, sua sintomatologia, bem como o tipo de transferência que desenvolve, distinguem-no sobremaneira do normopata. Não estou certo de que a característica de *desafio* ou de *triunfo* sobre o analista, que Joseph diz estar presente na transferência do *paciente de difícil acesso* – especialmente naquele que pende para a perversão – seja também uma constante no normopata, que muitas vezes sequer pode lançar mão deste tipo de recurso.

Por fim, permito-me um breve comentário sobre o trabalho de Betty Joseph aqui apresentado. Ao recomendar a técnica de interpretação constante da transferência, que privilegia o *aqui e agora* da situação analítica, ela o faz como sugestão específica para a clínica do *paciente de difícil acesso*, presumivelmente diferente de um outro cujo acesso *não é difícil* ou é *menos difícil*, que seria, supostamente, o neurótico. No entanto, sabe-se que este tipo de manejo da clínica é o mesmo proposto pela escola kleiniana para a própria psicanálise em geral...[22] Portanto, a fronteira entre as diferentes técnicas, se é que existem, torna-se, assim, obscurecida.

---

[22] A própria autora o demonstra em um outro texto também bastante conhecido, de 1985, intitulado *Transferência: a situação total*.

4.

Casos clínicos

A normopatia não é exatamente uma categoria nosográfica da psicopatologia, conquanto se refira, sim, a um determinado modo de funcionamento psíquico plenamente observável e detectável tanto em sua forma "pura", como em pacientes com tendência à somatização, aos ataques de pânico ou mesmo em estado de pré-psicose.

Deste modo, podemos falar de características gerais dos normopatas, sem, contudo, reduzi-los a uma espécie de categoria "fechada". Talvez fosse até mais recomendável falar em algo como "normopatias" ou "formas da normopatia", indicando, assim, sua pluralidade sintomática e, também, sua pluralidade em termos de manifestações transferenciais. Assim como há normopatas que, a exemplo do que afirma Joyce McDougall, exercem sua agressividade na situação analítica, por meio de uma irritabilidade constante com o analista, também existem aqueles que dão a impressão de ser eternamente cordatos, não deixando qualquer coloração afetiva tingir seu discurso e suas sessões. Alguns nomeiam os outros como responsáveis pelo seu sofrimento: "Não há nada de errado comigo, o problema são os outros." Há pacientes, no entanto, que não fazem nem mesmo este tipo de acusação.

O que há em comum entre os normopatas, se quisermos tomar um eixo central que os aglutine, é a dificuldade no contato com a própria subjetividade. Sua história é factual e os dados que poderiam ser emocionalmente significativos são *deixados de lado*, e não *esquecidos* ou *recalcados*. De um modo geral, quando conseguimos atingir, na análise, um estágio em que seja possível examinar a história do paciente em sua correlação com as experiências afetivas que a imantam, chegamos até a uma vivência de violência e de sofrimento extremados.

É em consequência deste tipo de experiência que o afeto vai encontrar, no normopata, um destino particular, se cotejado com os destinos do afeto propostos por Freud. É assim que Joyce McDougall (1989c) propõe a existência de um "congelamento" do afeto no caso da normopatia, como um destino diferente dos outros três já descritos por Freud para a histeria, a neurose obsessiva e a neurose de angústia, que seriam, respectivamente, a conversão, o deslocamento e a livre descarga. Na normopatia, os afetos em questão são de tal magnitude que, se experimentados, teriam um poder desestruturante, ou seja, seriam francamente enlouquecedores. Daí a necessidade de uma defesa radical como essa. Segundo McDougall, trata-se de uma grave patologia afetiva, que pode se manifestar pela *depressão essencial* (Marty) ou pela *angústia catastrófica*, quando passível de percepção pelo sujeito:

O medo de afundar, de conhecer a implosão ou a explosão nas relações com os outros, muitas vezes obriga esses analisandos a atacar não somente a percepção de suas emoções, mas também qualquer percepção exterior capaz de despertar movimentos afetivos. No interior da relação analítica, algumas vezes somos observadores privilegiados dessa eliminação radical da percepção e, portanto, do reconhecimento de acontecimentos aparentemente mínimos, mas fortemente carregados de emoções, o que nos permite seguir os rastros daquilo que ocorre com o afeto abafado. (p. 126)

A incapacidade de exprimir a emoção não seria um dado primário, mas um corolário da incapacidade de "conter o excesso da experiência afetiva" e, portanto, de refletir sobre essa experiência, conclui McDougall. O maior desafio para o analista, assim, é o de lograr êxito na tarefa de fazer da sessão analítica uma experiência afetiva ou, mais apropriadamente falando, em levar o paciente a percebê-la como tal.

Para ilustrar com a minha própria clínica o problema das normopatias, vou contar a seguir alguns fragmentos de casos que tive a oportunidade de atender. Não são narrativas feitas com o intuito de apresentar um atendimento psicanalítico extenso, mas apenas de pôr em relevo determinadas características normóticas e o desafio que elas representam para a clínica, desafio este que será discutido no próximo capítulo.

❅ ❅ ❅

Margarida, uma mulher de trinta e cinco anos, militante de um grupo de esquerda sectário e radical, veio para a análise depois de muita insistência dos seus colegas de trabalho, que chegaram mesmo a oferecer-lhe alguma ajuda financeira para o custeio do tratamento, se por acaso este ficasse além de suas possibilidades. Margarida contou-me este fato com uma ponta de indignação, pois não tinha a menor ideia da razão pela qual seus colegas consideravam-na insuportável a ponto de fazerem tal oferta... Sim, pois a ajuda oferecida não ocorrera, segundo ela, porque eles eram bondosos ou a amassem desmesuradamente. Havia ficado claro que era porque não toleravam mais o seu temperamento.

Muito irritável, ela atribuía todos os seus problemas aos próprios colegas de trabalho, que, segundo dizia, não podiam suportar o seu "nível de exigência" e a sua "perfeição". Referia-se ao companheiro da mesma forma. Ele era insuportável porque abusava da bebida e não se emendava, por mais que ela vivesse, diuturnamente, dando-lhe lições de moral.

Sua queixa? Os outros, sempre os outros. A família de origem também "não ajudava", como dizia. Os pais não tinham se esforçado na vida tanto quanto deviam. Margarida era a segunda de três filhos. Contou-me, com muita indignação, que quando ela tinha quatorze anos de idade, sua mãe engravidou. Perguntei-lhe qual era o problema e ela, mais indignada, respondeu-me que o problema era óbvio. Arrisquei uma hipótese "edípica", perguntando-lhe se sentira que o irmão temporão lhe tirara algum espaço na família. Indignada com a minha

NORMOPATIA: SOBREADAPTAÇÃO E PSEUDONORMALIDADE

"asneira", a ponto de desequilibrar-se, ela disse em voz bastante alta e alterada: "Ora, me faltava essa! É claro que não! Onde já se viu uma mulher engravidar com quase quarenta anos? Você parece não saber que isto é um absurdo!" Por esta e por outras, tive meu primeiro aprendizado com a análise de Margarida: era inútil propor-lhe interpretações ou qualquer outra coisa que exigisse um exame de sua parte. Minha fala não podia ultrapassar a barreira que ela impunha.

O contato com Margarida era extremamente penoso. Indagava-me sempre a respeito do que ela fazia ali, pois só exprimia queixas e seu tônus irritadiço não sofria alterações. Quando eu lhe propunha alguma ideia, sua reação era de absoluta rejeição daquilo que eu estivesse pensando. Algumas vezes eu chegava a pensar que seu companheiro tinha uma ótima razão para beber... Certa vez, dizendo-lhe que ela não apenas estava me falando de sua irritação com os outros – que nada faziam corretamente – mas que estava bastante irritada comigo, ela retrucou que se tratava de uma conclusão "estúpida" da minha parte. Mas ela o fez com um tal grau de irritação, que uma crise violenta de bronquite asmática precipitou-se imediatamente. Fiquei assustado, achando que ela poderia, de fato, ter algo grave ali diante de mim. Aprendi, com isto, outra lição: se eu já a tratava com muita cautela, passei então a ter a cautela máxima.

O que eu não pude compreender a tempo na ocasião, suponho, é que ela estava ali *para não se analisar*, ou seja, para dar prova irrefutável da inutilidade do analista. Este era o ponto. Assim, após alguns meses ela desistiu da análise, onde, de fato, pouca coisa significativa tinha ocorrido. Como afirma Joyce McDougall (1989b), em relação ao normopata, qualquer mudança psíquica é vivida como catastrófica; daí o fato de ele entrincheirar-se na perspectiva de não mudança. Para tanto, valendo-me da expressão de Dejours (1989), há que se "mineralizar" os objetos, neles incluído, evidentemente, o analista.

Hoje imagino que, se eu pudesse ter compreendido melhor determinados aspectos de seu funcionamento mental – mormente a impossibilidade de mudança –, teria, *talvez*, sido possível adentrar minimamente seu mundo subjetivo e atingir alguma região reclusa onde se escondesse seu núcleo necessitado e passível de dependência. Ao mesmo tempo, não sei se ela não teria uma crise respiratória aguda que nos desencorajasse de prosseguir por este caminho antes de atingirmos um ponto tão delicado.

❊　❊　❊

Outro caso que atendi foi o de Alberto, com características bastante diferentes das de Margarida. Ele não apresentava somatizações no sentido estrito, mas veio para a análise depois que começou a ter algumas crises que julgava ser algo parecido com a síndrome do pânico. Eram crises "absurdas", sem razão alguma, que vinham sem aviso prévio e, depois de algum tempo, passavam. Até então, ele jamais tivera qualquer coisa parecida em sua vida. Considerava-se alguém absolutamente

NORMOPATIA: SOBREADAPTAÇÃO E PSEUDONORMALIDADE

sem problemas psíquicos, o que o fazia sentir tais crises como algo estranho, sem causa e sem sentido.

Alberto procurou-me a conselho de colegas de trabalho, após um episódio – um grave erro profissional – que quebrou, em parte, sua rotina de "normalidade", pois, desde então, passou a ter crises de ansiedade nas mais diversas situações. Médico-cirurgião, alguns detalhes de seu modo de falar de si mesmo assemelhavam-se ao do paciente de Jung: descrevia sua vida, bem como a si próprio, como absolutamente "normais". Aliás, não sabia se uma análise poderia ajudá-lo. Nem sequer tinha ideia do que era uma análise quando veio ter comigo. Surpreendeu-se quando lhe pedi que me falasse de si próprio. Indagava-me sobre *o quê* deveria falar-me. Disse-me ter pensado que eu o submeteria a um questionário estruturado, "uma espécie de anamnese médica". Aliás, tratava-me como "colega", procurando ser informal e descontraído, coisa que conseguia apenas parcialmente.

Aos trinta e poucos anos, era casado com uma colega de profissão e não tinha filhos. Incomodava-se com o aspecto físico da mulher. Não porque a julgasse feia, nem pelo fato de ela estar acima do peso recomendável: tinha um pouco de vergonha dos amigos ou de quem quer que estivesse na praia ou na piscina e o visse junto a ela. Indaguei-lhe uma vez se ele gostava de sua mulher. Espantou-se com a pergunta. Não sabia do que se tratava isso. Casara-se porque "era normal casar-se numa certa idade" e porque "todo mundo casa". Achava também que sua escolha profissional fora "normal", pois a medicina era uma profissão tradicional. "Todo mundo quer ser médico", professava.

Alberto também considerava "normal" que um casal tivesse filhos. Mas como a mulher ainda não conseguira engravidar, eles esperariam "tranquilamente" pelo efeito do tratamento a que ela se submetia. Tudo lhe parecia correr bem, à exceção das crises de ansiedade e do processo que carregava em razão do erro médico. Assim, ele lamentava muito as crises de ansiedade que vinha tendo, pois se achava imune a qualquer forma de doença "psiquiátrica". Antes de procurar pela análise, ele havia falado com um "colega psiquiatra", a fim de pedir-lhe alguma medicação. Mas o colega não julgou que se configurava um quadro "autêntico" de síndrome do pânico e, reforçando o que outros colegas já haviam dito, sugeriu-lhe buscar uma psicoterapia.

Nas primeiras entrevistas, Alberto demonstrava estranheza ante aquela situação inusitada de ser solicitado a falar de si. Queria que eu o ajudasse a não mais ter as crises de ansiedade, mas não tinha ideia de que dependeríamos dele ou de sua fala. Não tinha "quase nada" a me contar, pois "tudo era normal em sua vida", nunca tivera sonhos à noite e, por fim, já havia me relatado suficientemente o motivo que o levara até mim... O que mais eu queria?

Diferentemente do desfecho do caso de Margarida, Alberto permaneceu por mais de um ano em análise. Como seu "temperamento" era fácil, foi-nos possível criar um clima ameno de cooperação, que possibilitou a abertura de uma via de investigação efetiva do seu psiquismo. Até um certo ponto, é claro.

Observando sua dificuldade em perceber seus sentimentos e emoções – que podiam apenas se concretizar *sem acesso à palavra* nas crises de ansiedade –, passei a fazer um pouco daquilo que ele imaginara que eu faria: perguntava-lhe sobre as crises e, assim, pudemos perceber alguma regularidade nas situações que as disparavam. Estas situações evocavam, quase sempre, uma espécie de requisição que lhe era feita, direta ou indiretamente, para que cuidasse de alguém. A primeira crise foi sentida quando a mulher comprou um cachorro. Naquele dia, no caminho para o trabalho, pensando que o cachorro dependia totalmente de que lhe dessem comida, sentiu a primeira crise. Não, na verdade não fora aquela a primeira crise, recordaria ele algumas sessões depois: ele sentira algo semelhante quando, no dia de seu casamento, o sogro lhe disse ao ouvido, ao abraçá-lo no altar, algo como: "Vê se cuida bem da minha filha!" Mais à frente, pôde associar ainda a responsabilidade de cuidar do cachorro com a responsabilidade que um filho exigiria, e sentiu algo como uma "dúvida" sobre o desejo de ter mesmo uma criança. Diga-se de passagem, uma ponta de dúvida que mais tarde, em sua análise, apareceria como um verdadeiro pavor de ter filhos!

Não seria possível, aqui, passar a limpo todos os lances desta natureza que foram ocorrendo na análise de Alberto. O fato é que, com estas aberturas, foi se tornando possível explorar, paulatinamente as experiências traumáticas que sua "normalidade" ocultava. Isto culminou com relatos da violência física do pai sobre a mãe durante toda a sua infância, das relações sexuais que mantivera, na adolescência, com uma irmã adotiva – tardiamente adotada unilateralmente pelo pai –, da suspeita que pairava silenciosa sobre a família de que seu pai tinha alguma relação também "ilícita" com esta filha, da morte da mãe em razão de uma doença banal, sem que ele, como médico, pudesse tê-la assistido a tempo, e muitas outras lembranças que não mais podiam encaixar-se sob o rótulo da "normalidade", na acepção dele próprio.

Quando me falava pela primeira vez de algum destes pontos, Alberto tratava-os como se fossem "dados" objetivos, sem repercussão íntima alguma. Espantava-me quando, ao perguntar-lhe sobre o que achava de cada uma destas coisas, ou ainda, sobre o sentimento que elas lhe despertavam – no momento em que ocorreram ou no momento em que agora delas me falava –, ele me respondesse que eram coisas "normais" e que nada sentia diante delas.

O trabalho analítico de Alberto permaneceu, por alguns meses, no nível dos relatos, que eu ouvia com interesse e sobre os quais tecia comentários não propriamente interpretativos, mas que tinham o intuito de manter viva sua relação comigo. Sua análise começou a "deslanchar", posso dizer, no momento em que supus ter chegado a hora de enfrentar o "congelamento" afetivo maciço a que ele submetera suas memórias, sua história e toda a sua vida de experiência relacional. Foi quando passei, então, a falar-lhe de "imagens" que me vinham à cabeça quando ele me relatava algo. Apenas como exemplo, lembro-me de uma vez em que Alberto me contou de uma cena a que

Normopatia: Sobreadaptação e Pseudonormalidade 115

assistira ainda muito criança, em que o pai espancava violentamente a mãe, que ousara reclamar do hábito que ele (o pai) tinha de passar o fim de semana sozinho, em alguma atividade "misteriosa", entregando a mulher e o filho aos cuidados do pai dela, o avô materno de Alberto. Como ele não manifestasse emoção alguma ao narrar-me a cena, nem pudesse dizer algo *sobre* ela, eu lhe disse que eu podia entrever, em meio à cena, um menino completamente aterrorizado, paralisado mesmo, olhando para aquilo sem nem sequer poder esboçar uma reação, sem nem poder *saber o que sentir*.

Pois bem, a partir de intervenções deste tipo, que eram recorrentes, foi se abrindo um campo analítico e a "normalidade" sobreadaptada de Aberto foi sofrendo, paulatinamente, alguns abalos. Algum contato com o mundo afetivo foi se tornando possível. Eis que, então, ele teve um sonho que o assustou profundamente, e que representou o ponto de inflexão em sua análise.

Alberto chegou naquele dia à sessão bastante pálido, com uma expressão de susto, senão de pavor. Contou-me que tinha tido um sonho naquela noite, no qual uma coisa "horrorosa" havia acontecido. Perguntei-lhe, então, o que era. Respondeu-me que sonhou que estava no meio de um estádio de futebol lotado, e que mantinha relações sexuais com um jogador do time para o qual torcia, um jogador da sua admiração.

Suando em bicas e trêmulo, disse-me que aquilo não era possível, pois ele não era nem jamais fora homossexual. Extremamente perturbado, jurou-me nunca ter sentido atração sexual por alguém do sexo masculino. E, inteligentemente, disse que suspeitava ser o sonho uma consequência indesejável – uma espécie de "efeito colateral" da análise, ao que respondi que sua hipótese era plausível. Renunciando a qualquer tentativa de interpretação naquele momento delicado, em que o via se contorcendo de angústia, julguei ter chegado, então, a minha vez de dizer que algo era "normal". Falei que as pessoas costumavam sonhar com coisas estapafúrdias mesmo, e que, em sonho, era possível que tudo acontecesse.

Passado algum tempo, em que o terror do sonho ainda reverberava, Alberto disparou a sonhar. Apareciam então, em sonhos, mulheres fantásticas, especialmente as mais belas atrizes de televisão. Posteriormente, voltando ao sonho aterrador, ele pôde associá-lo a um episódio da infância em que, no quintal da casa do avô, brincara de "troca-troca" com um vizinho da sua idade. Lembrou-se também, um pouco mais tarde, de um colega de faculdade que costumava tratá-lo com "modos suspeitos", e construiu a hipótese – sobre a qual jamais pensara conscientemente – de que se tratava de um homossexual que manifestava interesse por ele.

Não é necessário dizê-lo: tinha havido uma "desobstrução" em seu mundo mental e, agora, já era possível analisá-lo de fato *sob transferência*. Com efeito, quando ele me "jurou" não ser homossexual, no dia do relato do sonho, isto já começava a ficar claro. Sua normopatia defensiva estava abalada e Alberto, de modo surpreendente – *ma non troppo* –, deu-se conta de que as crises de ansiedade tinham sumido...

Alguns meses depois, Alberto avisou-me que encerraria ali sua análise. Disse que o sintoma estava removido, e que julgava suficiente o "tratamento". Sabia ter muito mais para tratar comigo, mas era-lhe muito penoso "sentir" aquelas coisas que sentia na análise. Doía-lhe olhar retrospectivamente para sua história tão cheia de episódios traumáticos. Não me opus à sua intenção, particularmente em razão de um argumento irrefutável que me apresentava: ele descobrira, disse-me textualmente, que, ali na análise, ele apenas trocava uma forma de sofrimento por outra! E, como não tinha mais ataques de ansiedade, achava que era chegada a hora de parar. Mas, antes de despedir-se de mim, na sua última sessão, fez uma ressalva: como não levara tão longe a análise, temia que as crises pudessem voltar um dia. Queria assegurar-se de que, se isto ocorresse, eu o tomaria novamente como paciente, ao que respondi que sim.

Levando em conta a separação que havia entre o afeto e os traços de memória de Alberto, e as respectivas ligações que ele pôde fazer no decorrer da análise, não seria descabido perguntar se não se tratava, sob o ponto de vista da psicopatologia, de um caso de neurose obsessiva. Poderíamos supor que os traços de memória que apareciam estavam *isolados*[1], isto é,

---

[1] O *isolamento* é um mecanismo de defesa típico da neurose obsessiva, que consiste em "isolar um pensamento ou um comportamento, de tal modo que se acham quebradas as suas conexões com outros pensamentos ou com o resto da existência do indivíduo". Como exemplos de sua ação, temos "as pausas no decurso do pensamento, fórmulas, rituais e, de um modo geral, todas as medidas que permitem

estagnados e sem contato possível com o afeto que lhes correspondia. Ainda nesta linha, poder-se-ia também argumentar que a livre-associação estava obstruída, como sói ocorrer com o neurótico obsessivo, que se esforça para submeter ao controle os seus pensamentos. De fato, em alguns casos, é possível confundir o neurótico obsessivo com o paciente mal mentalizado ou com o normopata, visto que, em ambos, o livre associar encontra entraves. Isto já foi notado por autores da escola francesa de psicossomática.

No caso de Alberto, entretanto, não creio que o afeto ligado originalmente às representações traumáticas tivesse sofrido a vicissitude do *deslocamento*[2], tal como ocorre na neurose obsessiva. Parece-me mais plausível supor que, neste caso, o destino do afeto era aquele que Joyce McDougall (1989c) chamou de *congelamento*. Alberto não apresentava, preliminarmente, uma sintomatologia obsessiva. Não tinha ruminações de culpa, dúvida ou outro sentimento qualquer peculiar ao obsessivo. Não tinha, enfim, um sofrimento psíquico tipicamente neurótico. As crises de ansiedade que o acometiam surgiram a partir de um *acontecimento* atual, que foi o erro médico e o processo

---

estabelecer um hiato na sucessão temporal dos pensamentos ou dos atos" (Laplanche & Pontalis, 1967, p. 334).

[2] O *deslocamento*, fenômeno presente na formação do sonho e dos sintomas neuróticos, consiste no "fato de a acentuação, o interesse, a intensidade de uma representação ser suscetível de se soltar dela para passar a outras representações originariamente pouco intensas, ligadas à primeira por uma cadeia associativa" (Laplanche & Pontalis, 1967, p. 162).

dele resultante. O equilíbrio normótico não resistiu a esta alteração e o colapso tornou-se iminente.

Além destas considerações, penso que existe um outro fator diferencial de grande valor clínico: enquanto o neurótico obsessivo apresenta um comportamento *ritual*, estruturado segundo as leis que regem as formações do inconsciente, o normopata tem um comportamento *automático*. Se o primeiro tem um sentido que é dado pela fantasia inconsciente, o segundo tem a função de colmatar o vazio de sentido.

Uma outra questão importante no debate sobre a normopatia, para a qual o trabalho com Alberto nos conclama a pensar, é o da natureza do sonho e do sonhar. O sonho de Alberto, que foi quase disruptivo, por um lado, mas que, por outro, pôs em andamento um processo de elaboração mental, ainda que incipiente, lembrou-me, em alguns aspectos, do sonho do paciente de Jung (1961), que vimos no primeiro capítulo. Estes sonhos merecem uma especial consideração teórico-clínica por seu caráter traumático e também por terem sido produções de pessoas que não tinham desenvolvido, em sua história psíquica, a própria função onírica. No vocabulário de Marty, eram pacientes *mal mentalizados*, nos quais a ausência de sonhos é uma característica central[3].

---

[3] O fracasso no desenvolvimento da atividade onírica, em suas conexões com a psicopatologia – particularmente com os processos de somatização e com as adicções –, é o tema que Decio Gurfinkel (2001) discute no livro *Do sonho ao trauma: psicossoma e adicções*.

Pensando no sonho de Alberto, após a sessão em que ele me o relatou, lembrei-me de que os analistas da escola psicossomática francesa já haviam observado que, quando o nível de mentalização de um paciente aumenta – o que costuma ocorrer, por exemplo, em decorrência do trabalho analítico –, o seu funcionamento onírico pode ser inaugurado ou restaurado e, nestes casos, não é incomum que as fantasias perverso-polimorfas infantis reprimidas apareçam.

Tales Ab'Saber (2001), referindo-se ao sonho do paciente de Jung, põe em relevo um outro aspecto da vida onírica, para o qual a psicanálise pós-freudiana viu-se na necessidade de dirigir a atenção. Trata-se de uma potencialidade disruptiva que o sonhar pode representar em determinados pacientes. Esta dimensão do sonho, trabalhada por diversos autores (Bion, Winnicott e Marty, entre outros), já fora percebida por Freud nos sonhos traumáticos, sobre os quais ele tentou teorizar, criando a figura conceitual da *compulsão demoníaca à repetição*. Ab'Saber afirma que, no caso do paciente de Jung, em que o sonhar "aproximava aquele homem de um verdadeiro surto psicótico", o sonho, "antes de constituir um desenho da estrutura psíquica e uma apresentação da história viva da pessoa, estava na encruzilhada de um processo psíquico que podia desabar sobre o próprio peso, e era índice deste mal radical" (p. 11).

Estas considerações sobre o sonhar conduzem-nos a uma perspectiva, no trabalho com o sonho, que ultrapassa seu caráter de expressão do inconsciente e de objeto de pura interpretação. O apagamento da função onírica é, em si, um dado clínico da maior relevância para o estabelecimento de um diagnóstico mais profundo do paciente, e o encorajamento do sonhar, por parte do analista, deve ser um procedimento cauteloso quando se tratar de pacientes mal mentalizados, como nos casos de normopatia, de psicossomática e de psicoses latentes. Esta questão será tratada no capítulo seguinte, dentro da abordagem do problema da *escolha da técnica*, que então se coloca.

Tive ainda um outro paciente, Rodrigo, um rapaz de dezenove anos, que recorria maciçamente aos comportamentos automáticos para evitar o contato com o mundo subjetivo: ele praticava *todas as modalidades de esporte possíveis*, durante *todas as horas* em que não estava estudando, coisa que, aliás, ele estava deixando de lado, apesar de ser extremamente inteligente e bem preparado intelectualmente. Não deixava de treinar ou de participar de torneios mesmo quando adoecia. Certa vez participou de uma competição de basquete com uma febre de 38 graus, decorrente de uma forte intoxicação alimentar[4]. Curiosamente, o esporte compulsivo tinha sido sua válvula de escape quando, ainda criança, perdeu os

---

[4] Postulei a existência desta forma de *recusa da realidade do corpo* também na perversão. Ver o livro *Perversão* (Ferraz, 2002), nesta mesma coleção, e o artigo *A hipocondria do sonho e o silêncio dos órgãos*, de Maria Helena Fernandes (1999), no qual esta mesma questão é tratada, tendo como referência a percepção do corpo na hipocondria e na psicossomática.

pais e uma irmã mais velha em um acidente violento. Ele me contava que, quando isto aconteceu, "as pessoas queriam que ele tivesse problemas por isso", mas que ele, na realidade, não os tinha. "Eu só queria jogar futebol, como todas as crianças", dizia. Nas sessões analíticas, buscava sempre esquadrinhar seus problemas "concretos", como se estivesse à cata de uma fórmula cartesiana para equacioná-los. Falava calmamente, com método, humor e descontração. Ao contrário de Margarida e de Alberto, não se mostrava jamais irritado nem sentia ansiedade ou angústia. Não se relacionava de modo profundo com ninguém, mas tinha amigos com quem praticava esportes. O modo como me falava das pessoas com quem convivia levava-me a crer que suas amizades eram superficiais. Também não se referia a relacionamentos amorosos, nem demonstrava ansiar por tê-los ou sentir falta deles. A imagem que eu fazia de Rodrigo no mundo era a de ser autômato, "flutuando" através de sua existência.

A exemplo de Margarida e Alberto, Rodrigo também procurou a análise por insistência de outras pessoas, com o pretexto de ter dúvidas sobre o curso universitário que deveria seguir. Não entrarei em detalhes do seu caso, mas apenas direi que alguns dos poucos progressos que obtivemos em sua curta análise ocorreram quando, ficando de cama por alguns dias em virtude de uma gripe muito forte, ele se viu solitário e privado de suas práticas esportivas e, então, experimentou sentimentos de "estranheza" bastante inquietantes. Para mim, ficou claro que se tratava de processos incipientes de desrealização e de uma invasão do seu mundo mental por uma angústia inominável, o que sugeria a possibilidade de estarmos diante de um quadro de psicose latente. Mas foi esta experiência que nos permitiu sair um pouquinho do aprisionamento a que a racionalização defensiva o submetia, e então pudemos, entre outras coisas, examinar os seus sentimentos em relação aos seus familiares – em especial o casal de tios que se tornaram seus "pais substitutos" – e a angústia ante as ideias de doença e de morte, entre outras coisas. Sempre na medida de suas possibilidades.

O caso de Rodrigo ilustra também uma das facetas da normopatia, que é a busca irrefreada de atividades – comportamentos – que visam acomodar o sujeito numa vida operatória, tal como Bollas (1987b) exemplificou com o *workaholic* comum em nossos dias. Além do trabalho, como se comprova em Rodrigo, também as práticas esportivas em excesso podem ter esta função de concentrar no uso do corpo todo o funcionamento mental do sujeito, confinando a atividade do pensar a áreas menores da mente.

Marty (1996) verificou que os comportamentos podem assumir um papel importante na economia psíquica, papel que vai variar de acordo com o nível de mentalização do sujeito. Todas as pessoas costumam recorrer, de uma maneira ou de outra, a alguma espécie de comportamento – apoiado, por definição, sobre a atividade sensório-motora –, com a finalidade de descarregar uma parte das excitações pulsionais a que estão sujeitas. Este comportamento pode ser o de beber, comer, fumar, andar, correr, etc. É possível utilizar-se de um comportamento de modo parcial, diminuindo temporariamente uma excitação, mas sem que ele substitua, necessariamente, o processo de elaboração mental. Os sujeitos mal mentalizados, tal como o normopata, podem, no entanto, fazer um uso exagerado do comportamento, como Rodrigo fazia da prática esportiva, de modo a não deixar espaço remanescente para a elaboração das excitações[5].

As pessoas que se utilizam maciçamente dos comportamentos apoiados sobre a atividade sensório-motora correm o risco de conhecer um colapso quando impedidas, por alguma razão, de recorrer a este expediente. Marty (1996) alerta para este perigo que, segundo ele, é frequente quando "a própria atividade sensório-motora encontra-se freada ou barrada por insuficiências físicas, acidentes ou doenças" (p. 35).

Para finalizar, eu gostaria de abordar o processo de formação da personalidade normótica, valendo-me de uma breve experiência clínica com uma menina de cinco anos, em quem eram visíveis as dificuldades precoces no desenvolvimento da função simbólica. Samira, como era chamada, não chegou, na verdade,

---

[5] Marty (1996) entendia como *sublimação* este tipo de comportamento sensório-motor que desvia as excitações sexuais agressivas por meio das atividades esportivas, tanto quanto por atividades sociais, artesanais ou artísticas. Seguramente, este emprego do vocábulo não coincide exatamente com aquele feito inicialmente por Freud, para quem a sublimação pressupunha uma mediação simbólica, e não simplesmente uma descarga qualquer.

a iniciar um processo analítico comigo. Após algumas entrevistas de avaliação com ela e com seus pais, que acabaram por ganhar o caráter de "consultas terapêuticas", sugeri que prosseguíssemos com uma análise, o que foi recusado por motivos financeiros que, no entanto, pareciam-me contornáveis.

A mãe de Samira procurou-me porque a filha apresentava, em algumas ocasiões, um comportamento agressivo e mesmo explosivo de tal monta que, além de assustar os pais e familiares, já começara a causar problemas também na escola. Suas irmãs, do mesmo modo, apresentavam este tipo de comportamento, sendo que a mais velha já se encontrava em análise. A despeito disso, Samira era afável com sua mãe na maior parte do tempo.

Seu pai, que quase nunca tinha tempo de vir falar comigo, era um estrangeiro, praticante da religião muçulmana. A mãe, de família católica fervorosa, convertera-se ao islamismo para casar-se, fato que nunca foi absorvido por sua família e que, tampouco, significou sua plena aceitação por parte da família do marido. Portanto, o clima familiar era extremamente tenso, pois as pressões a que o casamento estava sujeito eram monumentais e de todo tipo, inclusive financeira. Na verdade, ocupavam quase todo o espaço de preocupação do casal, que temia não encontrar forças para sair do impasse. O convívio simultâneo com os *universos* paterno e materno exigia dos filhos uma verdadeira *cisão*. Não havia chance para qualquer outro caminho que não este. As consequências psíquicas deste estado de coisas sobre as crianças não eram de pequena monta.

Samira veio de bom grado às consultas e deu mostras de que faria um bom vínculo comigo, apesar de uma certa "tirania" de sua parte. Dentre os aspectos de sua vida mental que pude apreender, o que mais me chamou a atenção foi a sua constante recusa de todas as atividades que exigiam imaginar ou fantasiar. Em uma das entrevistas com seus pais, isto foi-me confirmado: a menina tinha aversão às brincadeiras de faz de conta e não gostava de ouvir contos de fada. Tinha uma nítida predileção por jogos estruturados, mais objetivos e concretos.

Em uma das sessões, brincando com bichinhos de plástico, vi que Samira apenas se preocupava em classificá-los e agrupá-los, formando conjuntos que deveriam permanecer estáticos. Quando, aproximando um bichinho de outro, fiz com que eles "conversassem", ela, contrariada, quis encerrar imediatamente a brincadeira, dizendo-me que "animais não falam". De outra feita, quando brincávamos com o jogo dos rabiscos[6], aconteceu algo muito ilustrativo de seu funcionamento mental, que julguei ser uma dificuldade de simbolização e uma particular obstrução da comunicação afetiva.

---

[6] O *jogo dos rabiscos* (*squiggle game*), criado por Winnicott, é, na verdade, uma técnica de *comunicação* entre o analista e a criança. Maria Ivone Accioly Lins (1990) assim o descreve: "O terapeuta e o paciente executam, alternadamente, traços livres; cada parceiro deve modificar o rabisco do outro à medida que forem sendo realizados. Um sentido põe-se a circular, um espaço intermediário se constitui. O procedimento engendra um processo que vai da experiência de algo informe ao gesto criador e à criatividade" (p. 197). Diferentemente do que ocorre na aplicação das técnicas projetivas, no jogo dos rabiscos o analista se engaja tanto quanto o paciente. Portanto, a rigor, não se trata de uma técnica, pois "não existem dois casos semelhantes e a troca entre o terapeuta e a criança não é submetida a normas pré-estabelecidas" (p. 198).

Samira deu início a um desenho que, segundo eu soube depois, "deveria ser um sorvete". Como estávamos em posições diferentes na mesa de desenhar, o desenho pareceu-me um ratinho; finalizei-o, então, com o rabo e os olhos. Ela não gostou do desfecho, pois eu não compreendera o que ela queria fazer. Eu lhe disse que, de fato, eu não entendera sua intenção e que, no meu ângulo de visão, aquilo me parecera um ratinho. Virei, então, a folha de papel, de modo com que ela visse o que eu estava vendo. Surpresa, ela animou-se: "Que legal! É mesmo. *Pode ser outra coisa*". Incontinenti, no entanto, como que se dando conta da abertura que aquilo significava, fechou a sua expressão facial e decretou: "mas o certo é o que *eu vejo*: era um sorvete". Esta dificuldade de considerar o *ponto de vista* do outro pode ser entendida, na normopatia, como um indício da própria defesa contra aquilo que seria uma *perigosa abertura para a alteridade*. Ela se revelava em Alberto, por exemplo, quando ele asseverava que "todos querem ser médicos" ou "todo mundo se casa"[7].

Na sessão seguinte, Samira não aceitou mais brincar com o jogo dos rabiscos, alegando que eu "fazia loucuras". Foi então que ela me mostrou o jogo que trouxera para brincar comigo: era um brinquedo de colorir – e não de desenhar! –, que

---

[7] Um outro exemplo que ilustra este procedimento de "generalizar uma certeza" baseada apenas na própria opinião ou na própria experiência é fornecido por Joyce McDougall (1989b): a Senhora O., uma paciente frígida, reagiu à tentativa da analista de fazê-la interessar-se pela significação subjacente à sua frigidez com a seguinte fala: "Isso é ridículo! Todos sabem que só os homens têm prazer na relação sexual!" (p. 102).

consistia em cartões brancos em cujo centro havia desenhos destacáveis que, ao serem retirados, formavam uma máscara. Colocando-os sobre uma folha de papel e, em seguida, aplicando uma tinta em *spray*, reproduzia-se a sua forma e... pronto. Não restava nenhum espaço para a criação, muito menos para as "minhas loucuras". Curiosamente, o primeiro desenho que nós colorimos na sessão foi exatamente... um sorvete!

Ainda assim, consegui uma pequena subversão quando, tomando as partes dos cartões que haviam sido destacadas, coloquei-as sobre as folhas de papel, apliquei a tinta, e produzi os desenhos em negativo, isto é, eles apareciam no papel como figuras em branco sobre um fundo colorido. Samira ensinou-me que não era assim que se brincava, e proibiu-me de continuar procedendo daquela forma. Não sem antes dirigir um breve olhar para o resultado que eu obtivera; mas, o que importa, *não cedendo a este interesse.*

Esta troca dos brinquedos que Samira impôs revela o quanto era intolerável e arriscado para ela entregar-se à atividade da imaginação e ao inesperado que poderia surgir de um jogo livre, em que a participação de um *outro* fosse também decisiva na determinação dos resultados. A propósito, Winnicott (*apud* Lins, 1990) fazia uma nítida distinção entre os jogos organizados e as brincadeiras espontâneas, estas portadoras de um caráter de *criatividade* e de *imprevisibilidade*. Para ele, somente através da criatividade alguém poderia descobrir o seu *self*, isto é, "descobrir-se como sendo aquele que *é* e que *está vivendo* em oposição àquele que simplesmente reage" (p. 194).

Não obstante todas estas dificuldades presentes no caso de Samira, para mim estava claro que a transferência estava instaurada e que, se tivéssemos tido a oportunidade, a intervenção analítica poderia ajudá-la a constituir sua subjetividade em um campo psíquico mais aberto, diminuindo o risco que estava presente, suponho eu, de uma cristalização da sua personalidade dentro dos estreitos limites de uma normalidade estereotipada. Até porque estávamos diante de um quadro normótico incipiente, mais facilmente alterável do que a normopatia consolidada do adulto.

A formação da doença normótica se deve, como supõe Bollas (1987b), a um desenvolvimento apenas parcial da capacidade de simbolizar o *self*. Parece-me que, em Samira, era disso que se tratava. Todo o drama familiar corria, para as crianças, no registro do não dito, embora os ruídos se fizessem audíveis, senão ensurdecedores. Portanto, a defesa radical que consiste em atacar a imaginação e o sentido decorre de dificuldades objetais precoces que são mantidas ao longo da infância. Coincido plenamente com Dejours (1986), que rejeita a causalidade orgânica como explicação para o predomínio de defesas contra a vida emocional no paciente "mal mentalizado", reiterando que é no encontro subjetivo, ou seja, na economia afetiva familiar, que se encontram as razões pelas quais uma defesa se torna predominante:

Quando a criança corre o risco de encontrar na realidade certas provas que sua mãe não simbolizou, recebe desta um modelo de identificação que retoma por sua própria conta, não somente porque esse recurso é simples, mas também porque, renunciando a manipular essas interrogações, protege sua própria mãe da descompensação. Assim a negação e a clivagem se transmitem da maneira mais regular graças ao não dito, ao não simbolizado e ao não representado dos pais". (p. 132)[8]

---

[8] Este processo descrito por Dejours é chamado por Braunschweig & Fain (1978) de *identificação à mãe na comunidade da negação*.

5.

Questões clínicas e éticas

Colocadas as características do funcionamento psíquico do normopata, é natural que nos indaguemos a respeito das peculiaridades de uma clínica psicanalítica da normopatia. Ou, melhor circunscrevendo nossa questão, talvez pudéssemos começar por perguntar se é mesmo procedente falar de uma clínica *específica* da normopatia. O problema é controverso. Certamente vamos encontrar posicionamentos diferentes em autores da maior importância, como sói acontecer sempre que, em psicanálise, fala-se em especificidades da clínica, elasticidade da técnica e outras ideias afins.

Uma questão central, todavia, pode ser posta como ponto de partida: quais seriam os objetivos terapêuticos da análise de um paciente claramente normótico? Embora possamos sempre lançar mão da resposta padrão, dizendo que se trata dos mesmos objetivos de todo e qualquer processo analítico, não creio que seja proveitoso ficar preso às generalidades discursivas a respeito dos objetivos da análise. Afinal, o sofrimento psíquico apresenta facetas tão diversas como o próprio funcionamento mental dos seres humanos. Portanto, depois de ter caracterizado o funcionamento normótico como algo particular e estruturalmente distinto da neurose, não há como deixar de demarcar alguns objetivos básicos e essenciais de sua análise, tais como: a promoção de uma maior integração egoica; a atenuação do uso intensivo do mecanismo da cisão; a restauração ou o desenvolvimento de uma relação criativa com a vida e com o mundo; a promoção de um acesso ao mundo interno ou subjetivo; a conquista da espontaneidade; o "descongelamento" dos afetos; e, de modo genérico, uma "desnormalização", ou seja, a saída do estado de sobreadaptação e pseudonormalidade.

Seria interessante, ainda, perguntarmo-nos a respeito das razões pelas quais o normopata procura pela ajuda analítica. Será que o simples movimento em direção ao analista significa que algo saiu do eixo na engrenagem normótica? Ou seja, podemos concluir que a cisão está em perigo e que alguma forma de sofrimento psíquico se anuncia? Será que ele se encontra na iminência de um colapso?

É possível que sim, mas nem sempre. O pedido de ajuda pode aparecer de um modo deslocado, quando a fonte alegada para o sofrimento restringe-se exclusivamente à ação dos *outros*. Afinal, o normopata é avesso às nossas tentativas de fazê-lo se implicar em problemas que se originam neles próprios. Como afirma Maurice Dayan (1994), ele não pede ajuda para si mesmo, "porque tudo vai bem". Mas pede para os que o rodeiam: filhos, pais, cônjuge, etc. *Não sabem do que sofrem, mas designam aqueles que consideram a fonte de seu sofrimento.*

Pode ocorrer ainda, como vimos no caso do paciente de Jung, que a procura da análise se dê sob a justificativa do desejo de tornar-se analista. Deste modo, não creio ser sustentável qualquer assertiva categórica sobre uma particularidade da busca de análise por parte do normopata. O que me parece um dado acima de qualquer dúvida é que este tipo de pessoa, em razão mesmo de suas próprias características essenciais, costuma ser profundamente refratário à psicanálise, evitando recorrer a ela ou, o que mais chama a atenção, evitando analisar-se efetivamente quando porventura tenha procurado um analista.

Tomando como base minha experiência clínica, posso afirmar que o normopata vem ao consultório do analista, em geral, quando o equilíbrio normótico torna-se instável por alguma razão. Ele pode, então, estar diante de uma crise ou da ameaça de uma crise, o que significa, mais exatamente, que os seus mecanismos de defesa habituais não estão mais sendo suficientes para eliminar a angústia de seu horizonte perceptivo. Uma somatização também pode ser o elemento desencadeante da procura pela análise. Neste caso, todavia, é comum que a sugestão de se dirigir a um analista tenha sido feita por terceiros, em geral pelo médico. Finalmente, há casos de normopatas que buscam uma análise por vontade própria, alegando as mais diversas razões. A tarefa do analista, que, às vezes, lhe parece quase impossível, seria a de esclarecer os motivos ocultos desta busca e, assim, de *construir*, com o paciente, a própria demanda.

Joyce McDougall (1978d) afirma que o mundo do analista é profundamente diferente do mundo do normopata, o que pode introduzir alguma dificuldade no entendimento entre ambos. Poder-se-ia dizer que, enquanto o analista tem por método o questionamento de *tudo*, o normopata tem como defesa o não-questionamento de *nada*:

> Ser testemunha da própria divisão, procurar o sentido em meio ao *non-sense* do sistema, duvidar de tudo o que se é – eis alguns elementos capazes de identificar-nos como eventuais candidatos a uma psicanálise, justamente por nos colocarmos questões "anormais". Ora, nos dias de hoje, pessoas que se consideram normais, que não se colocam jamais estas questões, não duvidam, nem de seu bom senso, nem de sua maneira de ser, também procuram a análise. E o cúmulo é que nós, analistas, os consideramos gravemente *doentes*. (p. 176)

Eu, de minha parte, creio que há cada vez mais analistas familiarizados com a presença do normopata, dadas as condições culturais favoráveis à sua proliferação. No entanto, é necessário que a psicanálise prossiga no desenvolvimento da compreensão de sua dinâmica e de dispositivos clínicos que lhe permitam aproximar-se desta problemática.

De maneira geral, o problema da normopatia recoloca uma questão central para a ética psicanalítica que, de forma muito simples, poderia ser assim enunciada: o que propõe a psicanálise como tratamento? Adaptação ao meio e às normas vigentes? Ou, ao contrário, uma liberação de impulsos e desejos recalcados que possa conduzir o sujeito a um confronto com a ordem estabelecida? Trata-se, na verdade, de uma velha questão, debatida à exaustão. Talvez tenha até mesmo perdido a atualidade, uma vez que já foi tratada desde o próprio surgimento da psicanálise. Mas, revisitada à luz do problema da normopatia, provavelmente esta questão ainda possa trazer algum ganho ético e clínico para os analistas hoje em dia.

Nos seus primórdios a psicanálise foi, muitas vezes, duramente atacada por detratores menos refinados e menos cientes de suas nuances, que nela viam uma experiência imoral, comprometida com a liberação dos impulsos e das fantasias de natureza "antissocial". Mas, em contrapartida, é imperioso também lembrar que, posteriormente, surgiram críticas inversas, quando então a psicanálise foi atacada em razão do seu suposto caráter conservador, como se ela se esforçasse por ser, em última instância, um processo adaptativo à norma da "moral sexual civilizada". Até mesmo Lacan (1959-60), como já vimos, insistiu sobre a dimensão da contingência do objeto do desejo para esboçar a crítica de uma certa concepção do processo analítico que o toma como uma prática de "normalização psicológica", que se traduz em "moralização racionalizante". Esta concepção equivocada da análise, de acordo com Lacan, poderia ser encorajada pela teoria do desenvolvimento sexual proposta por Freud e detalhada por Abraham (1924), quando interpretada superficialmente.

Ora, na realidade, a psicanálise não corresponde nem a uma coisa nem a outra: Freud (1915) já enunciara em *Observações sobre o amor transferencial* que o compromisso com a verdade era o alvo e o princípio maior do processo analítico. Lagache (1958) viria a afirmar mais tarde que o processo analítico é uma "experiência moral", à medida que ele pode proporcionar um incremento na arte de viver e na sabedoria.

Contudo, se levarmos a sério a radicalidade da proposta da psicanálise, concluiremos que sua prática vai implicar, necessariamente, um processo de "desnormalização" do sujeito, como corolário do encontro com a própria subjetividade e com o próprio desejo, que o lança numa experiência *singular*. Trata-se daquilo que Dayan (1994) chamou de *singularidade idiopática*, que emerge na experiência única de um sujeito na análise, mas que é, em última instância, reflexo de uma experiência única de *um sujeito no mundo*. Na normopatia, fica claro, esta questão é ainda mais candente.

Para Dayan, a *singularidade idiopática*, perseguida pelo processo analítico, é o oposto da alienação do sujeito dentro de uma normatividade, que pressupõe, de algum modo, uma padronização. Na experiência de "desnormalização" analítica, quando ocorre o contato do sujeito com seu mundo interior – seus sentimentos e emoções –, os traços da memória podem, então, aparecer *ligados* à coloração afetiva que lhes é originalmente própria. Nesta forma de experiência analítica possibilitada pela análise, não há mais como negar a singularidade; a opacidade do sujeito normalizado não pode mais se sustentar.

Octave Mannoni (1991), no artigo *O divã de Procusto*, faz uma reflexão profunda a respeito da essência mesma da ética psicanalítica, remetendo-a à discussão daquilo que é seu aspecto central: a questão da "normalidade" e da "normalização".

> Todos conhecem Procusto. Segundo uma lenda grega, era um bandido que oferecia sua hospitalidade aos viajantes perdidos. Ele deitava-os sobre uma cama de ferro, e, se fossem mais longos do que a cama, ele cortava o que sobrava. Se fossem mais curtos, esticava-os a força. Era, por assim dizer, um *normalizador*. Façamos dele o patrono daqueles que aplicam testes ou que contam com algum tipo de reeducação. O objetivo da psicanálise é bem diferente, é fazer com que os analisandos tornem-se, não conforme a norma, mas *eles mesmos*. (p. 11)

Mannoni ilustra seu texto com um caso clínico que bem poderia ser compreendido como o de um normopata que, a partir de uma intervenção aguda – curiosamente não proposital – do analista, pôde despir-se das vestes "normais" que o ofuscavam. O escopo central deste trabalho analítico, poderíamos dizer sem exagero, foi o de "desnormalização" de um sujeito alienado de si mesmo. Vejamos o caso.

> O Dr. M. me enviou um homem jovem, de funções mal definidas, não era nem um doente nem um membro da equipe paramédica; era antes uma espécie de factotum, que prestava diversos tipos de pequenos serviços.

Na primeira sessão, este paciente tirou de seu bolso um maço de papéis diversos, dizendo-me: "Não é preciso que eu lhe explique. Tudo está aí dentro." Eram receitas, folhas de temperatura, resultados de exames, etc. É claro que devolvi-lhe imediatamente seus papéis e pedi que falasse-me como quisesse...

Ora, da sua linguagem também eu não conseguia fazer nada. Eu até me perguntava se não se tratava de um débil mental. E isto durou três semanas ou um mês. Mas aprendi que não se deve perder as esperanças tão cedo.

Um dia, no final de uma sessão especialmente vazia, no momento de partir – ele tinha a mão sobre a maçaneta da porta – ele parou para dizer-me: "Eu não quero mais vir." Sua atitude não me surpreendia. Mas disse-lhe em seguida: "Finalmente! É a primeira vez que você fala em seu nome. Vi, por sua imobilidade, que estas palavras tinham um certo impacto. Mas ele não se voltou, hesitou um segundo, depois abriu a porta e partiu.

Ele estava lá, na sessão seguinte, e se pôs a falar de maneira diversa – em seu nome. Me dei conta de que não era nada debiloide. A continuação da análise mudou sua vida. Tele-fonavam-me do hospital para perguntar-me a receita deste "milagre". (p. 16-7)

O elemento da intervenção do analista que teve o poder de desencadear uma mudança no posicionamento do paciente diante de si mesmo e da análise foi a explicitação de que *ele*

NORMOPATIA: SOBREADAPTAÇÃO E PSEUDONORMALIDADE 139

não falava nada em seu próprio nome. No sentido lacaniano, isto poderia se traduzir como a indicação de que o caminho que vai em direção ao próprio desejo estava obstruído. Sua denúncia abrupta abriu uma via de trabalho psíquico que foi no rumo da desalienação do paciente em relação ao desejo do Outro.

Na normopatia, o que está em questão é uma particular impossibilidade de contato consigo mesmo. Este é o entrave à análise e também o foco mesmo a ser combatido. O normo-pata padece de uma falta de acesso à subjetividade e, como compensação, de uma difusão de seu ser na concretude exterior de *coisas* e *fatos*.

Encontrei na música popular brasileira dois poemas que ilustram com rara felicidade este estado de coisas. Eles falam, na verdade, de uma situação virtual ou impossível, pois expressam exatamente aquilo que um sujeito alienado na normopatia *não se encontra em condições de expressar*, visto que não o percebe de modo consciente, obnubilado que está na alienação de si mesmo. Apesar disso, estes versos refletem sua verdade mais profunda, talvez aquela que poderia ser encontrada em uma análise bem-sucedida. Ambos os poemas acusam o estado em que se encontra a vida mental do normopata. Em um deles este estado está compensado pela defesa; no outro, algo do seu equilíbrio se rompeu.

O primeiro dos poemas é *Janelas Abertas no 2*, de Caetano Veloso (1972), e o segundo é *Socorro*, de Arnaldo Antunes & Alice Ruiz (1998). Comparemos os dois.

Janelas Abertas no 2

Sim, eu poderia abrir as portas que dão pra dentro
percorrer correndo corredores em silêncio
perder as paredes aparentes do edifício
penetrar no labirinto
o labirinto de labirintos dentro do apartamento.
Sim, eu poderia procurar por dentro a casa
cruzar uma por uma as sete portas, as sete moradas
na sala receber o beijo frio em minha boca
beijo de uma deusa morta
deus morto fêmea de língua gelada
língua gelada como nada.
Sim, eu poderia em cada quarto rever a mobília
em cada um matar um membro da família
até que a plenitude à morte coincidisse um dia,
o que aconteceria de qualquer jeito.
Mas eu prefiro abrir as janelas
pra que entrem todos os insetos.

Socorro

Socorro, eu não estou sentindo nada
Nem medo, nem calor, nem fogo,
Não vai dar mais pra chorar
Nem pra rir.

Socorro, alguma alma, mesmo que penada,
Me empreste suas penas.
Já não sinto amor nem dor,
Já não sinto nada.

Socorro, alguém me dê um coração,
Que este já não bate nem apanha.
Por favor, uma emoção pequena,
Qualquer coisa.

Qualquer coisa que se sinta.
Tem tanto sentimento, deve ter algum que sirva.

Socorro, alguma rua que me dê sentido,
Em qualquer cruzamento,
Acostamento,
Encruzilhada.
Socorro, eu já não sinto nada.

O primeiro, *Janelas Abertas no 2*, reflete a "justificativa" da defesa contra a penetração no mundo subjetivo: o não querer entrar em contato com a dor, com o horror, com as memórias desagradáveis do passado, com a agressão, com a morte, etc. Teme-se *sentir* muito intensamente a experiência do contato consigo mesmo, do mergulho no mundo subjetivo que trará sofrimento psíquico. Enumeram-se todos os horrores que a incursão no eu ("corredores que dão pra dentro" do "apartamento") poderia despertar. Opta-se, assim, por "abrir as janelas", isto é, voltar-se para o exterior. Evita-se o *sentido*. Mas, curiosamente, reconhece-se que nem tudo pode ser solucionado com esta medida, pois ela permite que entrem os "insetos", ou seja, alguma forma de perturbação.

O segundo, *Socorro*, como diz o próprio título, é um pedido de ajuda que, na prática, só costuma ser externalizado como sintoma ou em estado de colapso, quando o espectro de uma *psicose latente* passa a rondar o sujeito. O poema expõe o estado de carência daquele que cumpriu, afinal, o projeto defensivo expresso no primeiro poema, isto é, a desistência de percorrer os caminhos internos (nos quais o psicótico, ao contrário do normótico, fica totalmente aprisionado), para voltar-se ao que é exterior, que se vê da janela. A falta de sentido da vida (*sentido*, aqui, em sua dupla significação) ultrapassa o benefício limitado da defesa, e o sujeito cai, afinal, na experiência catastrófica da qual tanto lutou por esquivar-se. Se o paciente de Jung pudesse falar de si, talvez implorasse por sentir alguma coisa, "qualquer coisa que se sinta".

Na clínica psicanalítica, o que se oferece ao sujeito é exatamente uma oportunidade de *saber sobre si mesmo*. Usando as imagens dos poemas de Caetano Veloso e de Arnaldo Antunes & Alice Ruiz, isto seria algo como "abrir as portas que dão pra dentro" e, quando no estado de carência da experiência subjetiva, nomear o que se sente, "alguma emoção pequena" ou "qualquer coisa que se sinta". Diane Chauvelot (1994), discorrendo sobre a "normalidade como sintoma", vê na ignorância sobre o si mesmo o sintoma-chave da "normalidade": a experiência analítica tem como finalidade, portanto, "abrir brechas" na "muralha" desta ignorância, restaurando ou inaugurando a possibilidade de sonhar:

> [...] a psicanálise, nossa disciplina, não há que ser considerada como um tratamento terapêutico, senão como um saber: o que nossos pacientes adquirem por meio da frequência aos nossos divãs não são conselhos sobre as condutas a levar nem consolos mais ou menos fortalecedores: é um saber sobre eles mesmos. (p. 23-4)

O "não saber sobre si" do normopata, contudo, é diferente daquele do neurótico. Na neurose, estamos diante do recalcamento, mecanismo defensivo que não apenas mantém preservado o universo simbólico do sujeito, como se encarrega de alimentá-lo. Na normopatia, estamos diante do fracasso do recalcamento e, por conseguinte, da supressão da vida fantasmática do sujeito. Caracteriza-se, portanto, uma forma de psicopatologia mais profunda e mais grave do que a neurose. Joyce McDougall (1989b), por exemplo, situou-a entre as formas de patologia não neuróticas, que dizem respeito a uma falha na constituição da identidade subjetiva, quando a neurose, diferentemente, decorre de uma problemática edípica, ligada à constituição da identidade sexual. Trata-se, nas patologias não neuróticas, do mesmo campo recoberto pela noção winnicottiana de *falso self*[1], que, como vimos, foi umas das chaves teóricas para a elucidação do fenômeno da normopatia.

A suposição de Winnicott de que na normalidade sintomática – ou, se quisermos, normopatia – estava em ação um *falso self* precocemente constituído influenciou, inclusive, o próprio pensamento de Joyce McDougall. Referindo-se ao que se ocultava por trás da rigidez e da pseudonormalidade do normopata, ela falou em "abismo de desespero" e "experiência de morte", remanescentes psíquicos de uma experiência precoce traumática decorrente de uma falha ambiental.

Ora, considerando a gravidade da normopatia e a fragilidade real do sujeito que se esconde atrás de um muro defensivo, cuja solidez lhe é inversamente proporcional, não há como fugir à tarefa de pensar em cuidados analíticos particulares, tanto no que toca à técnica de condução da análise como no que toca à precisão da avaliação diagnóstica. Afinal, ao levantar as defesas normóticas de um analisando, corremos o risco de assistir ao aparecimento de um episódio psicótico ou de uma somatização que pode ser grave. No entanto, paradoxalmente, uma experiência de contato genuíno com o *self* e com o *outro*

---

[1] A expressão *falso self* foi cunhada por Winnicott "para designar uma distorção da personalidade que consiste em enveredar, desde a infância, por uma vida ilusória (o eu inautêntico), a fim de proteger, por meio de uma organização defensiva, o verdadeiro *self* (o eu autêntico); o falso *self*, portanto, é o meio de alguém não ser ele mesmo de acordo com diversas gradações, que chegam até a uma patologia do tipo esquizoide, na qual o falso *self* é instaurado como sendo a única realidade, com isso vindo expressar a ausência do *self* verdadeiro" (Shine, 2000, p. 100n).

NORMOPATIA: SOBREADAPTAÇÃO E PSEUDONORMALIDADE

são condições para o êxito da análise. Como enfrentar este paradoxo?

Tomemos como exemplo o caso do paciente de Jung que vimos no primeiro capítulo. Ele apresentava um quadro inequívoco de normopatia que disfarçava, em um exame mais superficial, a sua condição patológica. Seria um empreendimento fadado ao fracasso, ou até mesmo arriscado, submetê-lo à análise nos moldes da estrita técnica freudiana. Ele não apresentava os requisitos necessários para o desenvolvimento de uma análise clássica, que, segundo Joyce McDougall (1989a), seriam: a percepção do sofrimento psíquico, a busca do conhecimento de si mesmo, as condições para suportar a situação analítica e a possibilidade de depender do outro sem medo. A resistência que apresentava não era, em absoluto, a resistência do neurótico à análise, como a descreveu Freud, mas uma verdadeira impossibilidade de entrar em contato com o mundo interno em razão de sua fragilidade estrutural: sua normalidade era um defesa rígida contra a psicose, então diagnosticada por Jung como "psicose latente", exatamente o termo também escolhido por Winnicott (1963) para designar este tipo de quadro[2].

Quando Jung incita seu paciente a sonhar, atividade que estava até então bloqueada por uma estrutura de pensamento operatória, a psicose quase que irrompe! Eis então o paradoxo: o sonhar sinaliza a abertura para a experiência subjetiva

---

[2] Cabe lembrar que os critérios de analisabilidade definidos por Freud nos "artigos sobre técnica" precederam a investigação clínica psicanalítica da psicose, da somatização e de quase todo o espectro das chamadas "patologias não neuróticas".

necessária à cura, ao mesmo tempo que tem um caráter potencialmente enlouquecedor.

Certamente trata-se de uma dificuldade clínica. Entretanto, alguns balizamentos podem perfeitamente ser feitos, de maneira a circunscrever um pouco melhor nosso campo de atuação *possível*. Assim, quando se trata, por exemplo, de pacientes com quadros claramente psicossomáticos, a intervenção terapêutica deve ser cautelosa, a fim de não precipitar somatizações graves, colocando em risco, algumas vezes, a própria vida do paciente. Pierre Marty (1990) propõe que, nestes casos, a intervenção terapêutica não se dê através de "interpretações psicanalíticas", mas de "intervenções pouco interpretativas", adequadas "aos sujeitos insuficientemente mentalizados, inaptos a atingir uma posição transferencial, aos sujeitos no decorrer de reorganização mental, ou àqueles cuja organização mental permanece incerta e que não atingem senão fugidiamente essa posição" (p. 66).

Marty recomenda também não se exigir do paciente mal mentalizado que ele se comporte como um paciente neurótico. Confrontar o mundo mental supostamente mais "rico" do analista com o mundo mental mais "pobre" do paciente pode inibir o segundo, obstruindo o bom funcionamento da terapia. Marty sugere, todavia, que o terapeuta lance mão de meios de interessar o paciente por sua atividade onírica, tal como Jung desejou fazer, mas alerta para o *caráter paulatino* que deve ter tal tentativa. Jung renunciou rapidamente à interpretação quando percebeu o desequilíbrio a que o sonhar estava conduzindo, bem como o grau de periculosidade daquela aventura.

NORMOPATIA: SOBREADAPTAÇÃO E PSEUDONORMALIDADE

É difícil, sem dúvida, avaliar com precisão a intervenção adequada no caso do impasse vivido por Jung junto ao seu paciente. Sua atitude diante da iminência de uma desorganização psíquica do paciente teria sido, afinal, um "bom recuo"[3]? O enfrentamento analítico desta situação não seria o caminho justo e necessário ao desenvolvimento do paciente e à quebra da cisão? Mas não haveria o risco de que, neste caso, a "quebra" fosse irremediável? É sempre possível sofismar: "a cura da normopatia passa pela experiência psicótica". Mas, em uma prática clínica responsável, há que se avaliar os riscos. Portanto, o caráter paulatino das intervenções – uma evitação dos "maus avanços" –, proposto por Marty, talvez seja a saída mais prudente e terapêutica.

Se tomarmos as recomendações clínicas de Betty Joseph (1975), por exemplo, veremos que a técnica que ela sugere é a da interpretação constante da transferência, o que contrasta com a cautela de Marty. Isto se deve, talvez, ao fato de que o segundo dedicou-se especialmente à clínica da somatização, quando Betty Joseph parece falar de pacientes perversos e esquizoides. Já Christopher Bollas (1987d), apoiado na abertura que Winnicott inaugurou na técnica analítica, propõe o emprego de um determinado expediente nada convencional, baseado no uso direto da contratransferência. Ele considera

---

[3] Esta expressão foi-me sugerida por Decio Gurfinkel, em seu comentário sobre o caso clínico de Jung, na mesa-redonda *Normopatia, sobreadaptação e somatização*, no *III Simpósio de Psicossomática Psicanalítica*, ocorrido no Instituto Sedes Sapientiae, São Paulo, em novembro de 2001.

válido que, em algumas ocasiões especiais, o analista exponha seus próprios estados subjetivos ao paciente:

> Acredito que possa ser valioso para o psicanalista expor ao seu paciente estados subjetivos selecionados para observação e análise mútuas. Revelando alguns de seus estados subjetivos mentais, o analista torna acessível ao paciente determinados estados livremente associados em si próprio, sentimentos ou situações que ele sabe terem sido da responsabilidade de alguma parte do paciente. Mesmo que o psicanalista possa não saber qual será o significado consciente e básico de um estado subjetivo mental, ou de uma situação em que ele se encontre na contratransferência, pode dizer isto ao paciente, contanto que fique claro ao analisando que essas revelações estão na natureza dos relatos que vêm ao analista, no interesse total da psicanálise. (p. 280)

Esta forma de fazer uso da contratransferência difere do modo convencional como os analistas a utilizam. Mesmo aqueles que valorizam a percepção contratransferencial como instrumento de compreensão do paciente costumam, tradicionalmente, utilizá-la de modo indireto. Assim, uma informação obtida a partir da contratransferência é processada pelo analista e, em seguida, comunicada ao paciente sob a forma de uma interpretação transferencial. Bollas (1987d) ilustra esta "devolução" com uma fala convencional do analista, que pode ser algo como: "acho que você está me dizendo algo, me mostrando como está sentindo". Para ele, no entanto, trata-se de "uma intervenção que de alguma forma pode ser correta, mas que foge um pouco à verdade" (p. 282). O uso direto da contratransferência, como ele propõe, enuncia a forma mesma como o analista a captou, sem subterfúgios. É claro que a exposição de um estado subjetivo selecionado do analista não é simplesmente a expressão de um afeto, tal como "você me deixa irritado". Bollas afirma que, quando expõe um estado subjetivo a um paciente, ele o faz "com mais concentração do que quando esclarece um assunto ou apresenta uma interpretação" (p. 281).

Bollas (1987b) relata uma entrevista com um paciente a que chamou Tom, que se encontrava em um estado de colapso psíquico, inclusive tendo já feito uma tentativa de suicídio. Filho de uma família normótica, para a qual era impossível discutir sobre a experiência, seu fracasso em um ambiente escolar novo o conduzira a uma crise psíquica aguda. O pai, conta Bollas, exprimia-se apenas com clichês, tais como "tudo vai se transformar para o melhor". Percebendo que seria inútil entrevistar o paciente por meio de perguntas, visto que naquele momento Tom era incapaz de dizer qualquer coisa sobre si a outra pessoa, Bollas passou a falar sobre si mesmo, contando-lhe como às vezes também se sentia inseguro sobre o curso que as coisas de sua vida poderiam tomar. Isto pareceu despertar o paciente que, filho de um pai normótico, não estava habituado a ouvir um adulto falar sobre seus medos ou incertezas, coisas comuns na adolescência.

De acordo com Bollas, esta atitude analítica, quando é bem-sucedida, tem a vantagem de colocar o analista efetivamente em contato afetivo com o paciente, potencializando o surgimento daquilo que ele chama de *conhecido não pensado*, objeto, por excelência, da análise. Ao proceder desta forma, o analista não se apresenta como alguém à margem da experiência afetiva do seu paciente, isto é, não corre o risco de ser por ele vivenciado como um observador frio e não participante. Com relação ao normótico, esta atitude pode ser o catalisador necessário para a colocação em movimento do afeto congelado e paralisado, visto que pode inaugurar uma relação aberta às *ressonâncias afetivas* entre duas pessoas[4]. É claro que se trata de um procedimento ousado, que requer a máxima cautela por parte do analista. Afinal, este tem de estar mais do que certo de que o sentimento a ser exposto ao paciente foi, de fato, suscitado pelo contato com ele e expressa, inequivocamente, uma parte de seu *self* (do paciente).

Christophe Dejours (1989), um autor profundamente empenhado na investigação das formas de psicopatologia não neuróticas, propõe um critério efetivo para eleição da técnica terapêutica a ser utilizada no trabalho com pacientes normopatas e mal mentalizados em geral. Ele contrapõe duas técnicas

---

[4] Lembremos aqui da hipótese de Joyce McDougall (1989b) de que, na etiologia da normopatia, deve encontrar-se uma patologia parental que se expressa pela falta de uma ressonância afetiva, na figura materna, da excitação vivida pela criança, e que este é um dos fatores que prejudicam o desenvolvimento da função simbólica.

que podem ser escolhidas pelo analista, às quais deu os nomes de *técnica do para-excitação* e de *técnica do enfrentamento*[5].

A *técnica do para-excitação*, bastante diferente da técnica psicanalítica propriamente dita, é recomendada para os pacientes com alto risco de somatização ou com pouquíssima ou nenhuma capacidade para a elaboração psíquica. São pacientes com um grau extremo de dificuldade nas relações objetais, que podem mesmo organizar as suas relações com as pessoas de modo com que elas fiquem reduzidas a um "estado mineral", o que, certamente, também vale para a sua relação com o analista. Eles podem, inclusive, aferrarem-se à situação analítica com todo o afinco necessário à comprovação de que nada acontece entre a dupla! À semelhança de Marty, Dejours propõe a renúncia, por parte do terapeuta, a toda tendência à interpretação e a evitação de questionamentos. A cura se daria, assim, a remanejamentos econômicos que atingem a vida do paciente, tal como uma mudança de trabalho, por exemplo.

Já a *técnica do enfrentamento* é adequada aos pacientes que demonstram possuir alguma possibilidade afetiva e fantasística. Ao contrário da técnica do para-excitação, ela consiste em uma busca, encorajada pelo analista, da violência oculta do eu, que só vem à tona quando por ocasião da descompensação. Assim, o analista não busca acalmar o seu paciente, mas abrir um caminho para que a violência reprimida se manifeste.

---

[5] Estas técnicas estão minuciosamente fundamentadas e ilustradas através dos casos clínicos do "Sr. Cavalo" e do "Sr. Automóvel", no capítulo 2 do livro *Repressão e subversão em psicossomática: pesquisas psicanalíticas sobre o corpo* (Dejours, 1989).

O ódio, neste caso, pode ser experimentado na relação analítica, sendo possível inaugurar um trabalho de perlaboração. Ao contrário da técnica do para-excitação, a técnica do enfrentamento constitui uma "exigência de verdade".

A escolha entre as duas técnicas deve basear-se, segundo Dejours (1989), na avaliação da possibilidade que tem ou não o paciente de "enfrentar a violência até então clivada" (p. 44). Portanto, opta-se pela técnica do enfrentamento quando o paciente aceita questionar a sua clivagem[6], ou seja, está em condições de curar-se passando por sua verdade. Quando, ao contrário, não há indicações de que o paciente disponha de condições psíquicas para colocar em questão a sua clivagem, deve-se optar pela renúncia à intervenção psicanalítica, recorrendo-se à técnica do para-excitação. Esta alternativa não vai pôr em questão a clivagem, mas simplesmente permitir-lhe

---

[6] Dejours trabalha com o conceito freudiano de *clivagem* (divisão), tal como postulado no artigo de Freud (1927) sobre o fetichismo, mas amplia sua abrangência para o inconsciente. De um lado da clivagem encontra-se um inconsciente recalcado e representado, que pode ser reconhecido no pré-consciente pelos retornos do recalcado e pelas representações de palavra. Do outro lado estaria o inconsciente primitivo, fonte da violência instintual, que permanece, por definição, não representado. Este inconsciente primitivo manifesta-se à margem do pensamento, por meio do comportamento e da defesa automática. Nas patologias não neuróticas, o inconsciente primitivo permanece ocupando grandes áreas do aparelho psíquico; disto resulta um funcionamento mental mais pobre ou até mesmo estereotipado, tal como na normopatia. Esta constituição psíquica coincide com o que Marty chamou de "má mentalização". Na neurose, ao contrário, há um predomínio do inconsciente secundário, "colonizado" pelas representações recalcadas e enriquecido pela atividade onírica. Para uma compreensão mais abrangente destas concepções teóricas de Dejours, remeto o leitor ao seu livro *O corpo entre a biologia e a psicanálise* (Dejours, 1986), particularmente ao capítulo intitulado *A terceira tópica*.

alguns rearranjos. As reformulações que ela propicia, desta forma, não são tão profundas quanto as obtidas através do emprego da outra técnica. Mas, ainda assim, ela pode devolver o equilíbrio ao paciente, por meio de remanejamentos estritamente econômicos, que envolvem, em geral, uma alteração no meio exterior.

Nos casos de pacientes francamente normóticos, com dificuldade de imersão na situação analítica propriamente dita, a aplicação da técnica psicanalítica *stricto sensu* deve esperar por algum tempo. Como aponta Maria Auxiliadora Arantes (2000), em um belo trabalho sobre a clínica psicanalítica face à somatização, o analista, seja qual for a sua orientação, tem o dever de esperar pela melhora das posições subjetivas e objetivas de seu paciente. A "cura", por assim dizer, "é um algo *a mais* que o analista espera, mas nunca pode ter a certeza de que vai 'saber' o que ocorreu com paciente" (p. 62). Particularmente nos casos de somatização, resta sempre espaço para algo de misterioso no processo de cura analítica, que escapa ao saber do analista mas que, acreditamos, é propiciado pela sua escuta. A relação entre o corpo e a mente guarda enigmas que estão longe de ser decifrados inteiramente: "A cumplicidade entre o soma e o psíquico vai muito além do que um analista pode supor durante seu ofício, mesmo que já 'exausto' de teorizar sobre este pacto. O resultado vem, mesmo, por acréscimo" (p. 62).

Enfim, como vimos no decorrer de todo este trabalho, a normopatia é uma condição resultante de processos defensivos contra o risco de sérias desorganizações, sejam psíquicas, sejam somáticas, para as quais o analista deve ter especial atenção. Sua abordagem clínica requer cuidados especiais, principalmente a espera paciente de que o pensamento associativo seja conquistado paulatinamente, tendo como corolário os efeitos mutativos sobre a linguagem. Isto não deve ser encarado, de modo algum, como uma renúncia aos objetivos da psicanálise, mas, antes, como uma ampliação do seu método e da sua potência.

6.

NORMOPATIA, SOCIEDADE E SOCIEDADES PSICANALÍTICAS

Temos assistido, nos nossos dias, a uma proliferação de trabalhos nos quais psicanalistas das mais diversas orientações discorrem a respeito do impacto da cultura contemporânea sobre a organização psíquica dos indivíduos. Como marcas definidoras desta "cultura contemporânea" apontam-se, em geral, fenômenos tais como a globalização, o alto nível atingido pela tecnologia, a informatização, a comunicação de massas e a sociedade de consumo, entre outras coisas. Fala-se bastante em "novos modelos de produção de subjetividades" ou em "novas formas de sofrimento psíquico" ou de psicopatologia peculiares ao nosso tempo.

É certo que as configurações assumidas pelas manifestações psicopatológicas, em todas as épocas, sempre tenderam a obedecer ao modelo cultural hegemônico de produção de subjetividade. Neste sentido, não há como negar que as formas contemporâneas de constituição do sujeito psíquico e, *a fortiori*, de manifestação do sofrimento psíquico, seguem o caráter predominantemente narcísico da cultura pós-moderna, à qual Christopher Lasch (1983) se referia como *cultura do narcisismo*.

Observadores da cena psicopatológica têm chamado a atenção para o surgimento, em larga escala e em ritmo crescente – fala-se até mesmo em epidemia – de determinadas manifestações psicopatológicas diferentes das neuroses descritas pela psicanálise freudiana. Assim, vão ganhando a cena problemáticas tais como a anorexia, a bulimia, as doenças psicossomáticas, as depressões, a síndrome do pânico, as mais diversas formas de adicções, etc. Estas manifestações, ainda que muito diferentes entre si, têm sido frequentemente invocadas, em seu conjunto, como patologias de *borda* ou patologias *atuais* ou *contemporâneas*. Mario Fuks (2000) assim as caracteriza em seu funcionamento:

> Verifica-se um tipo de escolha de objeto predominantemente narcísica, com relações de objeto de um caráter peculiar; um funcionamento defensivo que envolve os mecanismos de recusa e dissociação com produção de formações sintomáticas, de conduta e relacionais, de significação fetichista (as extravagâncias ou loucuras); um funcionamento presente, mas limitado, dos processos de elaboração psíquica de tipo neurótico e segundo o princípio de prazer-realidade que, ao falir, descompensar-se ou ser sobrepassado pelas tendências narcisísticas e a compulsão de repetição, tende a funcionar "para além do princípio do prazer", com produção

de sintomas psicossomáticos, *acting-out*, explosões de pânico e condutas aditivas. (p. 204)

As relações entre o contexto cultural e a psicopatologia são, sem dúvida, um campo que merece uma exploração acurada. Mas sua investigação exige uma grande cautela, pois, para ser levada a cabo de maneira criteriosa, necessita de um aparato conceitual e metodológico que envolve diferentes tradições epistemológicas, a saber, as das ciências da mente (psicologia, psicanálise, psicopatologia), por um lado, e as das ciências sociais (antropologia, sociologia), por outro. Isto não tem impedido, entretanto, a produção de trabalhos pertinentes, realizados a partir da percepção clínica de alguns psicanalistas da forma como seus pacientes têm sofrido as injunções das exigências sociais na contemporaneidade.

Mauro Hegenberg (2000), por exemplo, atribui o aumento dos casos de patologia *borderline* à quebra dos valores tradicionais ocorrida no decorrer do século XX. O alto grau de competitividade social, a ruptura dos laços de família e o individualismo crescente, entre outros fatores, conduziram à desestabilização do sujeito na pós-modernidade. O aumento do número de pacientes-limite é, para o autor, o "reflexo de uma sociedade pouco preocupada com seus cidadãos e mais interessada na globalização e seus efeitos econômicos" (p. 14).

Marilucia Melo Meireles (2001), para caracterizar esta mesma problemática social peculiar à virada do milênio, recorreu ao conceito de *anomia*, de Durkheim. A situação de anomia seria, de acordo com ela, "o resultado da ruptura entre objetivos individuais culturalmente estabelecidos e os meios socialmente instituídos para alcançá-los" (p. 15). Disto resultaria uma espécie de "guerra de todos contra todos", quando apenas os ideais narcísicos são levados em conta.

Alcimar Lima (2000), por sua vez, correlaciona certas formas de psicopatologia que têm se tornado mais frequentes com a exigência que hoje é feita aos indivíduos de uma "digestão" em altíssima velocidade de todos os estímulos e exigências a que eles se submetem e de todas as transformações a que assistem incessantemente. Daí, segundo o autor, a prevalência de formas de sofrimento psíquico caracterizadas por uma "intoxicação narcísica", tais como as depressões, as toxicomanias, as diversas modalidades de estresse, os distúrbios do sono, os transtornos alimentares e as afecções psicossomáticas[1]. O corpo seria, por excelência, o local atingido pelo sofrimento que não pôde ser simbolizado, marcando a falência do aparelho psíquico no trabalho de processamento da alta intensidade de estimulação a que é submetido.

De modo semelhante, Alexandra Sterian (2000), lembrando que toda cultura – em qualquer época histórica – cria seus ideais de "normalidade", afirma que, "no protótipo

---

[1] Vários títulos desta coleção tratam destas formas de psicopatologia. Para um exame minucioso de cada uma delas em particular, remeto o leitor aos livros *Psicossomática: de Hipócrates à psicanálise*, de Rubens Marcelo Volich (2000), *Depressão*, de Daniel Delouya (2000), *Distúrbios do sono*, de Nayra Cesaro Penha Ganhito (2001), *Estresse*, de Maria Auxiliadora de Almeida Cunha Arantes e Maria José Femenias Vieira (2002) e *Transtornos alimentares*, de Maria Helena Fernandes (no prelo).

pós-moderno, os novos paradigmas promovem um ritmo hipo-maníaco ligado à abolição de todo conflito, ao êxito e à eficácia" (p. 36). Na cultura contemporânea, portanto, quem consegue a ele se adequar é então visto como "normal" ou "sadio", pois corresponde ao ideal de subjetividade predominante, social-mente encorajado e reconhecido. "Doente" é aquele que fracassa diante destes imperativos.

Joel Birman (1999), autor que tem se dedicado especial-mente à investigação das novas formas de subjetivação na atualidade, faz um levantamento das consequências, por vezes desastrosas, sofridas pelos indivíduos na "sociedade do espetáculo", maneira como Debord (1994) denomina o mundo contemporâneo eminentemente narcísico, isto é, marcado pelo culto desmesurado do eu. Assim, Birman busca desvendar a psicopatologia da pós-modernidade, caracterizada pela profusão das toxicomanias, da depressão e da síndrome do pânico, tomando-a, fundamentalmente, como sequela psíquica do fracasso ante o imperativo da eficácia, do sucesso, da publicidade e de outros imperativos da exaltação do eu. Ao sujeito que não atinge tais ideais, pouco ou nada resta. Ele é execrado e alijado de sua condição de cidadão do mundo do espetáculo. As toxicomanias, tanto na forma de adicções às drogas ilícitas como aos psicofármacos empregados em alta escala pela psiquiatria, refletem a busca desenfreada de um "remédio" que dê a sensação, ainda que temporária, de sucesso ou, no mínimo, mitigue o fracasso; já as depressões resultariam da própria consumação do fracasso, e o pânico, por sua vez, seria uma expressão da ansiedade frente à perspectiva de insucesso[2].

O quadro social retratado por estes autores, é verdade, refere-se à situação do sujeito na assim chamada *pós-modernidade*. Lyotard (1986) expressou de forma precisa as alterações que foram ocorrendo no vínculo social em consequência das formas de comunicação que passaram a dominar a cena social pós-moderna. No entanto, penso que a denúncia deste mesmo estado de coisas, mas em escala menor, já fora feita por Walter Benjamin a propósito da ruptura radical com os valores da cultura tradicional ocorrida com o advento da modernidade.

Benjamin (1936a e 1936b) falava de um processo de "atrofia da experiência", que se dava como consequência do estilo de vida moderno, com as novas formas de comunicação e com as novas relações que o homem estabeleceu com o tempo e com o espaço nas grandes metrópoles. Maria Luisa Schmidt (1987) assim o sintetiza:

---

[2] As toxicomanias, que se associam à não elaboração da falta, como se costuma dizer, devem ser distinguidas do *uso ritual* de drogas em determinadas culturas, quando um *sentido* está em jogo, bem como do *uso lúdico* que pode ser feito delas, quando não se verifica o caráter de *adicção*. Gurfinkel (1996) e Birman (1999) deixam clara esta distinção que, entretanto, não é feita por muitos autores que abordam a questão do uso de drogas. O processo de alienação na normopatia é capcioso, podendo instalar-se em ações insuspeitas: assim como pode estar presente na adicção a drogas, pode também estar presente na atitude cega de combate às mesmas. Tudo depende do *sentido* e do *papel* que cada coisa assume na dinâmica psíquica de cada um.

> O homem tradicional cede lugar ao homem moderno inserido no universo da técnica, massificado no transcorrer do desenvolvimento industrial. Isolado, desenraizado, este homem caminha apressadamente no fluxo da multidão. A imagem do homem-autômato das grandes cidades é a imagem do homem que perdeu os laços com a elaboração e a transmissão da experiência. A imagem do mundo moderno é a de um mundo que já não oferece condições para a elaboração e a transmissão da experiência. (p. 10)

Em seu artigo sobre Baudelaire, Benjamin (1936a) escreveu sobre o *flâneur* que transitava entre a multidão, esta massa criada pelas condições sociais que surgiram com o avanço tecnológico da modernidade. Este *flâneur* era o poeta que fazia o luto pela perda das condições tradicionais da narrativa, pois em sua alma atônita remanescia a identidade do *narrador*. No domínio moderno da *informação*, pensava Benjamin, não haveria mais espaço para a *experiência*. A *narrativa*, processo que sedimenta a experiência no interior de um grupo, necessita de um tempo lento, incompatível com o ritmo intenso das formas modernas de comunicação. Deste modo, as pessoas se veem progressivamente privadas da verdadeira troca de experiências.

Benjamin toca, portanto, em um ponto crucial para o nosso problema da normopatia, que é o processamento da *experiência*. Conforme vimos nos autores que descreveram o funcionamento mental do normopata – particularmente em Bollas – é exatamente a *experiência subjetiva* que sofre um desinvestimento maciço, tal como também se depreende das conclusões a que chegaram os autores psicanalistas mencionados há pouco[3].

Com relação à normopatia, especificamente, não estou certo de que possamos, de modo simplista, atribuí-la à ação da cultura contemporânea sobre o indivíduo, até mesmo porque encontramos marcas de sua existência em outras épocas, tal como vimos no trabalho de Jung (1961). É possível que uma "pulsão específica para a normalidade", como a definiu Bollas (1987b), exista em cada um de nós. No entanto, não podemos desprezar o fato de que a *experiência do contato significativo com a subjetividade*, como supõem tantos autores que têm se dedicado à psicopatologia atual, tem sido desencorajada, ou até mesmo obstruída, pelas imposições do modo de vida hegemônico de nosso tempo. Portanto, apesar da cautela, julgo plausível pensar na existência de um contexto cultural que, conduzindo a uma crescente "atrofia da experiência" no mundo pós-moderno, favorece o surgimento das condições ótimas para a proliferação da normopatia.

No domínio do trabalho e de sua psicodinâmica, por exemplo, este tipo de correlação se faz sentir de modo mais claro e contundente. Marty e M'Uzan (1962), quando propuseram a ideia de *pensamento operatório*, já consideravam a

---

[3] Uma série de autores da melhor estirpe intelectual já vem, há algum tempo, empreendendo análises minuciosas das relações entre a cultura da pós-modernidade e as formas contemporâneas do sofrimento psíquico. Entre eles, posso lembrar Jurandir Freire Costa (1986, 1989 e 1994), Painchaud & Montgrain (1991) e Rojas & Sternbach (1994).

possibilidade da imposição do pensamento operatório por uma pressão externa, nomeadamente a situação profissional com alta exigência de adaptação:

> Obrigado a recorrer quase exclusivamente a esse modo de funcionamento (*operatório*), esgotado pela adaptação às tarefas automáticas, o sujeito chega a não dispor de nenhuma possibilidade de expressão pessoal liberadora, fora a atividade onírica que também sofre as consequências dessa pressão. (p. 172)

Dejours (1980 e 1986), do mesmo modo, observou que o trabalhador submetido a condições estressantes de trabalho tem o seu funcionamento mental marcado pelo *abandono da vida fantasmática*, mecanismo defensivo necessário à própria adaptação ao ritmo da tarefa. Esta *repressão do funcionamento mental*, segundo ele, conduz ao aparecimento, durante a situação de trabalho, de um pensamento predominantemente *operatório*, como propuseram Marty e M'Uzan. Assim, certas formas de organização do trabalho – de modo mais contundente a *taylorista*, caracterizada pela linha de montagem e pela produção em série – seriam uma espécie de produção *in vitro* de um funcionamento psíquico *operatório* ou *desafetado*[4].

---

[4] Maria Auxiliadora de Almeida Cunha Arantes (Arantes & Vieira, 2002) faz uma articulação interessante e ainda pouco usual entre o estresse causado pelo trabalho e os destinos da angústia. *Grosso modo*, ela formula a hipótese de que, no sujeito particularmente propenso ao estresse, existe um entrave à elaboração

Bollas (1987b), por seu turno, também observou a articulação entre o trabalho e a doença normótica, mas inverteu a proposição da relação entre causa e efeito: o *workaholic* de nossos dias, uma das figuras que compõem o espectro da doença normótica, busca no trabalho um refúgio concreto e exterior contra sua própria subjetividade.

Não é apenas nas situações de trabalho, contudo, que encontramos um solo fértil para o abandono da experiência subjetiva. Em todas as exigências da vida urbana nos grandes e médios centros o tempo torna-se escasso e o volume de informações a serem processadas transcende a capacidade humana para fazê-lo. O *sentido da vida* torna-se uma utopia agonizante em um mundo regido exclusivamente pelas leis do mercado. O sujeito é relegado ao plano de um objeto entre objetos do mundo, tal como Bollas (1987b) postulou ser o "sonho" de dissolução subjetiva do normótico.

O sofrimento psíquico, assim, não encontra espaço para ser *sentido* e *elaborado*, devendo ser preferencialmente *abolido*. Daí a expansão do uso indiscriminado de psicofármacos, convertidos em *best sellers* do mercado farmacêutico e, por conseguinte, da psiquiatria medicamentosa. Com a excessiva medicalização da depressão, forma de sofrimento que reflete o declínio do sentido de viver e, assim, "ataca" um número cada vez maior de

---

psíquica dos conflitos, de modo com que o destino da angústia seja semelhante àquele verificado nas *neuroses atuais*, quando, havendo obstáculos à simbolização, a descarga se faz preferencialmente pela via somática. Ver o seu livro *Estresse*, em coautoria com Maria José Femenias Vieira, nesta mesma coleção.

pessoas, corremos o risco de assistir à formação de uma verdadeira "legião de normóticos", em uma feliz expressão de Mário Eduardo Costa Pereira[5]. Em vez de se experimentar a dor do sofrimento inelutável e inevitável, buscando uma via de elaboração possível para ele, recorre-se a drogas que fornecem a ilusão fácil de que se pode suprimi-lo. Mas se esquece que suas causas não são, em absoluto, removíveis pelo mesmo meio.

Birman (1999), fazendo equivaler o uso das drogas lícitas ao das ilícitas, propõe, de modo ousado e preciso, a correlata equivalência entre a "medicalização psiquiátrica" e o "mercado de drogas pesadas" na cena social. As toxicomanias são, segundo ele, os "antídotos para a depressão e a síndrome do pânico", as grandes "perturbações do espírito da pós-modernidade" (p. 192). Dejours (1986) é outro autor que também já caracterizava a utilização de psicotrópicos como uma das estratégias defensivas contra o "levantamento da negação", ou seja, como um modo de "socorrer a clivagem" do aparelho psíquico, salvaguardando o indivíduo do contato com a sua realidade psíquica (p. 130).

Pois bem. Temos um quadro abundante de indicações da supressão da experiência subjetiva pela ação de mecanismos culturais. Ao livrar-se da loucura e da dor, o sujeito pós-moderno pode estar se livrando também do contato com a própria subjetividade, perdendo a possibilidade de se relacionar de modo criativo com o mundo e eliminando, assim, a chance

---

[5] Em comunicação pessoal.

de produzir um sentido para a sua vida. Como no antigo dito popular, "joga-se fora a criança junto com a água do banho"... Certamente este estado de coisas está articulado, de algum modo, às condições de possibilidade para o aparecimento da normopatia como um estilo de viver.

✳   ✳   ✳

A psicanálise só tende a revigorar-se quando toma como objeto de investigação a normalização socialmente imposta, bem como a pseudonormalidade resultante de injunções primordialmente psíquicas. Mas de uma questão ela não pode escapar se quiser mesmo ser consequente na investigação desta problemática, à medida que o movimento psicanalítico não é algo apartado da realidade e, assim, não se encontra imune às circunstâncias do mundo[6]. A questão é: como se situa ela própria, a psicanálise, em meio a este estado de coisas? Estaria

---

[6] Silvia Alonso (2001), em entrevista à revista *Percurso*, deixa bem clara esta situação, quando compara o significado de ser analista nos "tempos heroicos" – forma como Freud se referia ao período de isolamento da psicanálise – com o ser analista na contemporaneidade: "Hoje temos um outro momento: há um campo que não é hegemônico, e existem as solicitações feitas pelo ambiente e pela cultura presentes não apenas na demanda dos analisandos que nos procuram, mas ainda no próprio ambiente cultural, na mídia, na cultura que quer pensar seus próprios sintomas. Não há só desqualificação, mas há também um discurso desqualificador a partir de outras perspectivas, de outros discursos da cultura. Talvez algum lugar mais fortemente emblemático da psicanálise na cultura tenha se quebrado. Ser analista neste momento será diferente do que era nos tempos heroicos e do que era nos tempos onde a força emblemática da psicanálise era muito grande" (p. 136-7).

ela imune a toda forma de normalização ou de estereotipia simplesmente em função de sua natureza epistemológica? Afinal, pode-se argumentar, a essência da psicanálise é o combate às formas sub-reptícias de alienação que espreitam o sujeito psíquico. Mas será que, em seu processo de institucionalização, não correria ela o risco de submeter-se às mesmas consequências vividas por todos os saberes que se instituem em agrupamentos humanos?

Observando os movimentos institucionais mais do que conhecidos na história da psicanálise, deparamo-nos com um paradoxo que tem sido alvo da preocupação de muitos psicanalistas que se voltam para o exame da instituição psicanalítica e das vicissitudes da transmissão da psicanálise. De modo sucinto, poderíamos afirmar que a clínica psicanalítica elege como um de seus objetivos primordiais, senão como o principal, o desvelamento de uma *singularidade subjetiva*. Como afirma Maurice Dayan (1994), "*a experiência analítica* é a de um ser singularmente afetado" (p. 99), sendo que na relação analítica, como vimos no primeiro capítulo, "toda formação sintomática à qual se abriu um acesso à palavra revela-se profundamente idiopática e exige ser tratada como tal" (p. 101). Ora, disso depreende-se que a postura genuinamente analítica só pode ser de oposição e de combate às formas de normalização que alienam o sujeito. Também na formação psicanalítica, a busca de um *estilo próprio* de ser analista é uma utopia perseguida pelas instituições atentas ao risco representado pela normalização. Mas daí para uma práxis efetiva de um *modus operandi* que permita alcançar tal objetivo, interpõe-se uma série de dificuldades de toda ordem.

As instituições psicanalíticas muitas vezes não logram êxito na tarefa de transpor esta ética eminentemente analítica para dentro de si. Raramente adotam-na em seu funcionamento orgânico. Afinal, têm de sobreviver como instituição. Ou, como se costuma alegar, têm a seu encargo a nobre tarefa de zelar pela manutenção da autenticidade da própria psicanálise. Não foi por outra razão que a primeira das grandes associações psicanalíticas, a I. P. A. – *International Psychoanalytical Association* – foi fundada, em 1910, por Freud e seus colaboradores mais próximos. Freud (1914) assim declina a motivação que o levou a idealizar uma instituição que tivesse um *caráter oficial*:

> Julguei necessário formar uma associação oficial porque temia os abusos a que a psicanálise estaria sujeita logo que se tornasse popular. Deveria haver alguma sede cuja função seria declarar: "Todas essa tolices nada têm a ver com a análise; isto não é psicanálise." Nas sessões dos grupos locais (que reunidos constituiriam a associação internacional) seria ensinada a prática da psicanálise e seriam preparados médicos, cujas atividades receberiam assim uma espécie de garantia. (p. 56-7)

Portanto, o escopo da instituição psicanalítica é historicamente marcado pelo seu caráter de julgamento *do que é e do que não é psicanálise*. É evidente que esta tarefa possui uma

NORMOPATIA: SOBREADAPTAÇÃO E PSEUDONORMALIDADE

importância incontestável, à medida que o saber psicanalítico e a própria "marca" *psicanálise* já foram vítimas de profanações as mais grosseiras[7]. Neste sentido, não há como não concordar com o propósito de Freud. Contudo, os destinos tomados pelas sociedades psicanalíticas em sua função específica de guardiãs de ortodoxias são bem conhecidos. O livre pensar pode ser inibido em nome da unidade institucional, à semelhança do que se passa na normopatia em relação aos processos de pensamento. Poderíamos até arriscar um paralelo mais amplo entre o sujeito psíquico e a instituição, imaginando que o *corpo* somático está para o sujeito assim como a *corporação* está para a instituição. Vejamos alguns casos que se tornaram famosos na história do movimento psicanalítico.

Sandor Ferenczi (1873-1933), que foi designado por Freud para ser o articulador político da fundação da I. P. A., tornou-se uma de suas primeiras vítimas. Considerado o *enfant terrible* dos primeiros tempos da psicanálise, Ferenczi ousou experimentar técnicas pouco ortodoxas. Tido como um transgressor em razão de suas ideias pouco convencionais sobre o fazer psicanalítico, acabou jogado para escanteio sob a alegação de que havia enlouquecido. Isto custou à psicanálise anos de existência sem o devido acesso à sua obra verdadeiramente genial.

---

[7] Como exemplo de apropriação indébita do nome *psicanálise*, assistimos no Brasil, no ano de 2001, a uma tentativa de um grupo religioso evangélico de adquirir, através da aprovação de uma lei, o direito de exclusividade do emprego deste termo para si, alijando da prerrogativa de intitular-se *psicanalista* até mesmo os integrantes das mais antigas e tradicionais sociedades e associações psicanalíticas nacionais.

Masud Khan (1924-1989), um dos maiores expoentes da psicanálise winnicottiana, foi expulso da Sociedade Britânica de Psicanálise também, ao que parece, em razão de sua "loucura", que teria se tornado "patente" na publicação do livro *Quando a primavera chegar: despertares em psicanálise clínica*[8], obra prima se lida com olhos que não sejam de juiz inquisidor. Seu estilo é notadamente pessoal, dramático e apaixonado, em plena oposição aos modelos de discurso analítico que primam pela neutralidade e pela assepsia, quando não pelo mimetismo.

Não é o caso de fazer aqui um levantamento de todas as situações de exclusão, branca ou oficial, empreendidas pela I. P. A. ou por qualquer outra instituição psicanalítica. Se mencionei Ferenczi e Masud Khan é porque julgo tratar-se de autores verdadeiramente geniais, que fizeram muito pelo avanço da psicanálise. É evidente que, neste espírito, eu não poderia omitir desta seleta lista de casos a "excomunhão" de Jacques Lacan (1901-1981), para empregar um termo de sua própria lavra (Lacan, 1964). Neste caso, no entanto, não foi a "loucura" a razão alegada, mas sim a "insubordinação" teórica e técnica[9].

---

[8] Publicado no Brasil pela Editora Escuta (São Paulo, 1991).

[9] Lacan (1964) assim fala sobre o seu processo de exclusão: "... meu ensino, designado como tal, sofre da parte de um organismo que se chama *Comissão Executiva* de uma organização internacional que se chama *International Psychoanalytical Association*, uma censura que não é de modo algum ordinária, pois que se trata de nada menos do que proscrever esse ensino – que deve ser considerado como *nulo*, em tudo que dele possa vir quanto à habilitação de um psicanalista, e de fazer dessa proscrição a condição de afiliação internacional da sociedade psicanalítica à qual pertenço. Isto não é bastante. Está formulado que essa afiliação só será aceita se

NORMOPATIA: SOBREADAPTAÇÃO E PSEUDONORMALIDADE 171

Como se vê, a instituição psicanalítica não difere em nada das demais instituições no que toca à imposição de uma *normalização*, referida tanto ao esforço de padronização do pensamento como à tentativa de marcar um perfil pessoal aceitável para seus membros ou aspirantes. A instituição psicanalítica parece não apenas igualar-se às demais, como até mesmo dá mostras de ser mais intolerante e implacável que as outras. Eis, portanto, o risco constante de *normotização* como corolário da *normalização*. Suprimem-se a diferença e a "loucura" e, junto a elas, uma boa porção de criatividade, de inventividade, do espírito experimental e de muitos caminhos potenciais de crescimento. Como ganho, obtém-se a "segurança" institucional, isto é, a hegemonia do poder travestida de hegemonia do saber.

É claro que a instituição psicanalítica não pode ser reduzida a seus aspectos negativos. Ela também patrocina, por meio de diversos expedientes, o desenvolvimento do saber psicanalítico, acolhe e forma profissionais, etc. É evidente também que, depois de mais de um século de psicanálise, muito se progrediu no que tange à identificação, à denúncia e às tentativas de correção de muitos dos vícios comuns nas instituições, e muitas delas passaram a tomar-se a si próprias como objeto de análise e a desenvolver mecanismos de arejamento político e científico.

---

derem garantias de que, *jamais*, meu ensino possa, por essa sociedade, voltar à atividade para a formação de analistas. Trata-se portanto de algo que é propriamente comparável ao que se chama, em outros lugares, excomunhão maior. Esta, ainda, nos lugares em que este termo é empregado, jamais é pronunciada sem possibilidade de retorno" (p. 11).

Joyce McDougall (1978d), no artigo *Em defesa de uma certa anormalidade*, empreendeu uma das mais lúcidas críticas à normalização institucional que pode ameaçar a psicanálise e os psicanalistas. A normalidade, diz ela, "não devia nem podia ser um conceito psicanalítico" (p. 172). No que se refere aos próprios analistas, McDougall se pergunta se seriam eles "normais". Em sendo "normais", ou seja, conformes à norma, seria isto um benefício para a psicanálise? Afinal, o analista é aquele que coloca incessantemente questões, lançando dúvidas sobre as escolhas objetais, as regras de conduta, as crenças religiosas, as convicções políticas, as preferências estéticas e, o que é mais sério, sobre a própria identidade. Portanto, no sentido comum, isto não é, em absoluto, "normal". Assim, ela lembra que

> [...] até mesmo os analistas americanos, com o seu gosto pela adaptação e pela capacidade de tomar decisões, há muito tempo estão alerta contra candidatos "normais" à profissão de analista. Sujeitos que não se reconhecem portadores de qualquer tipo de sintoma, que ignoram o sofrimento psíquico ou jamais tenham sido atingidos, de leve ou profundamente, pela tortura da dúvida ou pelo medo do Outro, essas pessoas que estão "bem-demais-em-sua-pele" não são muito indicadas para a profissão de analista. (p. 177)

Com este questionamento, Joyce McDougall nos lança a uma outra face do problema da normalização institucional, para além da homogeneização peculiar ao processo formativo.

Trata-se de sua extensão ao próprio processo seletivo que, inevitavelmente, todo instituto de formação tem de enfrentar. Poderíamos, então, nos perguntar: qual seria, afinal, o perfil ideal de um candidato a analista? Qual seria a forma mais adequada de se proceder à sua escolha ou seleção? Estas questões, que hoje se debatem à saciedade, não constituem propriamente uma novidade no nosso campo.

Anna Freud já tentava sistematizar uma reflexão que fundamentasse os procedimentos de seleção em um "instituto psicanalítico ideal", nome com que batizou o seu projeto utópico. Ela demonstrava uma forte confiança na própria capacidade diagnóstica da psicanálise clínica como extensiva à investigação para fins de seleção. Como expediente preliminar, anterior à discussão sobre o perfil psíquico mais amplo do candidato a analista, propunha que se descartassem os casos francamente identificados como psicopatologias e transtornos de caráter graves (psicoses, psicopatias, depressões, perversões e tendências delinquentes). Contudo, exprimia uma preocupação ética ao recomendar o cuidado máximo que deveria ser tomado no tocante às consequências psíquicas da situação de avaliação sobre os candidatos, que, afinal, se expunham a uma situação delicada. Além disso, no que concerne ao perfil psíquico do candidato a ser selecionado, ela dizia não haver razão para deles se exigir determinadas qualidades ideais ou uma perfeição que nem o próprio encarregado da seleção poderia possuir. Ela recomendava, ainda, a constante avaliação do próprio processo seletivo, através da observação do desenvolvimento do candidato aceito.

Mas, de toda a reflexão de Anna Freud (1966) sobre o processo seletivo nos institutos de psicanálise, o ponto de maior interesse para o nosso tema é, precisamente, o alerta que ela fazia para o risco de se eliminarem aspirantes em razão de singularidades que, podendo ser tomadas como desabonadoras, traduzissem, talvez, um potencial criativo. O risco existente seria, assim, o de que, à medida que as instituições analíticas de formação fossem "normalizando" os candidatos que aceitam em suas fileiras, elas perdessem a oportunidade de admitir pessoas criativas. Diz ela que, no "instituto ideal",

> [...] não se solicitará aos encarregados da seleção que visualizem o futuro dos aspirantes, senão que analisem o passado do movimento psicanalítico. Descobrirão então que as contribuições técnicas, clínicas e teóricas essenciais realizadas no campo da psicanálise foram efetuadas por indivíduos com antecedentes profissionais muito diversos, e apesar de (ou impulsionados por) toda sorte de características, qualidades e idiossincrasias pessoais. Imaginar estas figuras históricas no papel dos atuais aspirantes ao processo de capacitação analítica contribuiria para eliminar certos preconceitos e para atenuar algumas das práticas restritivas que regem a seleção no presente. (p. 132)

Sem dúvida, são muitos os desafios que as instituições psicanalíticas têm de enfrentar se quiserem, de fato, deixar que a ética da psicanálise, em sua radicalidade, impregne-as organicamente. Tocqueville (1835), fazendo o elogio das associações no sistema democrático americano, via na *instituição livre* a possibilidade efetiva que os homens encontravam, quando em condições de igualdade, de devotarem-se a uma causa comum. Para ele, isto poderia reverter um risco inerente ao individualismo que surge em meio à democracia, a saber, o desinteresse dos homens uns pelos outros.

Levando em conta esta observação de Tocqueville, Pierre-Henri Castel (1994) lança a seguinte provocação: haveria alguma associação de analistas que, ao estilo da "instituição livre", conseguisse refrear esta tendência do desinteresse de uns homens pelos outros? Ou ainda, existiria uma associação analítica reunida em torno de uma "causa comum" que não se reduzisse ao "sintoma comum"? É assim que ele se pergunta:

> Pode uma sociedade analítica aglutinar-se de um modo tal que inquiete o horroroso afã normalizante que nos rodeia, os judeus com os judeus, os muçulmanos com os muçulmanos, os homossexuais entre eles, cada qual em cada uma de suas minorias tão majoritárias quanto ao tom e ao porte, e, para terminar, a "gente honesta" com a "gente honesta. Por certo haveria talvez outra palavra que não "livre" para nomear a associação capaz de designar o inominável de que falava Tocqueville, este despotismo inaudito que se insinua nas

lacunas do discurso universalizante por excelência, o da liberdade efetiva dos puros sujeitos de direito. (p. 16)

Como não pensar nos agrupamentos em torno de "orto-doxias": freudianos, lacanianos, kleinianos, bionianos e, mais recentemente, winnicottianos, entre outros "ianos" menos votados? Como é possível ser "ortodoxo" em psicanálise, se esta pressupõe a escuta do novo, ao invés do fechamento para ele? *Ortodoxia*, lembremos, é a ação de *orthos*: normatização que redunda em rigidez e em intransigência ao que é novo ou diferente. O compromisso da psicanálise, ao contrário, é com *pathos*, que rejeita, pela sua própria natureza, toda forma de enquadramento ou de normalização[10].

---

[10] Silvia Alonso (2001), sobre esta questão, faz a seguinte afirmação: "Colocar-se como seguidor de alguém, considerar-se freudiano, bioniano ou lacaniano, traz a preocupação com a fidelidade a um texto, a um autor, e este não me parece o melhor lugar para um analista. Manter-se como analista na experiência da escuta, coloca-nos em um lugar difícil. Um lugar no qual se deve suportar as transferên-cias, um contato permanente com a incerteza, com a irrupção do desconhecido, com o que é do processo primário, e do funcionamento associativo. E isso traz consequências para a relação que se tem com as teorizações. Acredito que muitos analistas, para lidar com o equilíbrio instável que se vive na clínica, buscam certa estabilidade narcísica atribuindo a um autor ou a um pensamento a totalidade do saber, mantendo uma relação de fidelidade e absoluto dogmatismo. Com isso, correm o risco de se converterem em meros repetidores" (p. 132).

Referências bibliográficas

ABRAHAM, K. (1924) "Breve estudo do desenvolvimento da libido, visto à luz das perturbações mentais". In *Teoria psicanalítica da libido: sobre o caráter e o desenvolvimento da libido*. Rio de Janeiro: Imago, 1970.

AB´SÁBER, T.A.M. *O sonhar restaurado: origens e limites de sonhos em Bion, Winnicott e Freud*. Tese de doutorado. São Paulo: Instituto de Psicologia da Universidade de São Paulo, 2001.

ALONSO, S.L. "A construção do analista" (entrevista). *Percurso*, 14(27):127-138, 2001.

ANTUNES, A. & RUIZ, A. "Socorro". *Um som* (CD). BMG, 1998.

ARANTES, M.A.A.C. "Flores brancas para Efigênia". *Percurso*, 13(24):57-62, 2000.

ARANTES, M.A.A.C. & VIEIRA, M.J.F. *Estresse* (Coleção "Clínica Psicanalítica"). São Paulo: Casa do Psicólogo, 2002.

ASSIS, J.M.M. (1870) "Confissões de uma viúva moça". In *Contos fluminenses*. Rio de Janeiro: Civilização Brasileira / Brasília: Instituto Nacional do Livro, 1975.

BACHELARD, G. (1960) *A poética do devaneio*. São Paulo: Martins Fontes, 1988.

BENEDICT, R. *Patterns of culture*. Boston: Riverside, 1934.

BENJAMIN, W. (1936a) "Sobre alguns temas em Baudelaire". *Os Pensadores*. São Paulo: Abril Cultural, 1980.

_____ (1936b) "O narrador: observações acerca da obra de Nicolau Leskov". *Op. cit.*

BERLINCK, M.T. "O que é psicopatologia fundamental". In *Psicopatologia fundamental*. São Paulo: Escuta, 2000.

BIRMAN, J. "A psicopatologia na pós-modernidade: as alquimias no mal-estar na atualidade". In *Mal-estar na atualidade: a psicanálise e as novas formas de subjetivação*. Rio de Janeiro: Civilização Brasileira, 1999.

BOLLAS, C. (1987a) "O objeto transformacional". In *A sombra do objeto: psicanálise do conhecido não-pensado*. Rio de Janeiro: Imago, 1992.

_____ (1987b) "Doença normótica". *Op. Cit.*

_____ (1987c) "Introjeção extrativa". *Op. Cit.*

_____ (1987d) "Usos expressivos da contratransferência: notas para o paciente de si próprio". *Op. Cit.*

BRAUNSCHWEIG, D. & FAIN, M. *La nuit, le jour: essai sur le fonctionnement mental*. Paris: PUF, 1975.

CANGUILHEM, G. (1966) *Le normal et le pathologique*. Paris: PUF, 1984.

CASSIRER, E. (1944) *Ensaio sobre o homem: introdução a uma filosofia da cultura humana*. São Paulo: Martins Fontes, 1994.

CASTEL, P. -H. "Igualdad de las condiciones y normalización de los individuos: cuestiones a partir de Tocqueville". In FUNDACIÓN EUROPEA PARA EL PSICOANÁLISIS *La normalidade como síntoma*. Buenos Aires: Kliné, 1994.

CAZETO, S.J. *A constituição do inconsciente em práticas clínicas na França do século XIX*. São Paulo: Escuta / Fapesp, 2001.

CHAUVELOT, D. "Ignorancia, síntoma clave de la normalidad". In FUNDACIÓN EUROPEA PARA EL PSICOANÁLISIS *La normalidad como síntoma*. Buenos Aires: Kliné, 1994.

COSTA, J.F. *Violência e psicanálise*. Rio de Janeiro: Graal, 1986.

_____ *Psicanálise e contexto cultural*. Rio de Janeiro: Campus, 1989.

_____ *A ética e o espelho da cultura*. Rio de Janeiro: Rocco, 1994.

DAYAN, M. "Normalidad, normatividad, idiopatía". In FUNDACIÓN EUROPEA PARA EL PSICOANÁLISIS *La normalidad como síntoma*. Buenos Aires: Kliné, 1994.

DEBORD, G. *La société du spectacle*. Paris: Gallimard, 1994.

DEJOURS, C. (1980) *A loucura do trabalho: estudo de psicopatologia do trabalho*. São Paulo: Cotez/Oboré, 1988.

_____ (1986) *O corpo entre a biologia e a psicanálise*. Porto Alegre: Artes Médicas, 1988.

_____ (1989) *Repressão e subversão em psicossomática: pesquisas psicanalíticas sobre o corpo*. Rio de Janeiro: Jorge Zahar, 1991.

DELOUYA, D. *Depressão* (Coleção "Clínica Psicanalítica"). São Paulo: Casa do Psicólogo, 2000.

DEVEREUX, G. *Essais d'etnopsychiatrie générale*. Paris: Gallimard, 1970.

DURKHEIM, E. (1895) "As regras do método sociológico". *Os Pensadores*. São Paulo: Abril Cultural, 1973.

FERENCZI, S. (1928) "Elasticidade da técnica psicanalítica". In *Obras Completas: Psicanálise IV*. São Paulo: Martins Fontes, 1992.

FERNANDES, M.H. "A hipocondria do sonho e o silêncio dos órgãos: o corpo na clínica psicanalítica". *Percurso*, 12(23):43-52, 1999.

_____ *Transtornos alimentares* (Coleção "Clínica Psicanalítica"). São Paulo: Casa do Psicólogo (no prelo).

FERRAZ, F.C. *A eternidade da maçã: Freud e a ética*. São Paulo: Escuta, 1994a.

_____ "Algumas consequências da teoria freudiana sobre a ética". *Boletim de Novidades Pulsional*, 7(64):20-25, 1994b.

_____ "Das neuroses atuais à psicossomática". In FERRAZ, F.C. & VOLICH, R.M. (orgs.) *Psicossoma: psicossomática psicanalítica*. São Paulo: Casa do Psicólogo, 1997.

_____ "O mal estar no trabalho". In VOLICH, R.M.; FERRAZ, F.C.; ARANTES, M.A.A.C. (orgs.) *Psicossoma II: psicossomática psicanalítica*. São Paulo: Casa do Psicólogo, 1998.

_____ *Andarilhos da imaginação: um estudo sobre os loucos de rua*. São Paulo: Casa do Psicólogo, 2000.

_____ *Perversão* (Coleção "Clínica Psicanalítica"). São Paulo: Casa do Psicólogo, 2004.

FOUCAULT, M. (1954) *Doença mental e psicologia*. Rio de Janeiro: Tempo Brasileiro, 1984.

FREUD, A. (1966) "El instituto psicoanalítico ideal". In *Estudios psicoanalíticos*. México: Paidós Mexicana, 1985.

FREUD, S. (1894) "Sobre os critérios para destacar da neurastenia uma síndrome intitulada 'neurose de angústia'". *Edição Standard Brasileira das Obras Psicológicas Completas*. Rio de Janeiro: Imago, 1980. v.3.

_____ (1895) "Projeto para uma psicologia científica". *Op. Cit.*, v.1.

_____ (1905) "Três ensaios sobre a teoria da sexualidade". *Op. Cit.*, v.7.

_____ (1908a) "Moral sexual 'civilizada' e doença nervosa moderna". *Op. Cit.*, v.9.

_____ (1908b) "Escritores criativos e devaneio". *Op. Cit.*, v.9.

_____ (1911) "Formulações sobre os dois princípios do funcionamento mental". *Op. Cit.*, v.12.

_____ (1914) "A história do movimento psicanalítico". *Op. Cit.*, v.14.

_____ (1915) "Observações sobre o amor transferencial". *Op. Cit.*, v.12.

_____ (1917) "Terapia analítica" (Conferência 28 das "Conferências introdutórias sobre psicanálise"). *Op. Cit.*, v.16.

_____ (1920) "Além do princípio do prazer". *Op. Cit.*, v.18.

_____ (1923) "O ego e o id". *Op. Cit.*, v.19.

_____ (1927) "Fetichismo". *Op. Cit.*, v.21.

_____ (1930) "O mal-estar na civilização". *Op. Cit.*, v.21.

_____ (1931) "Tipos libidinais". *Op. Cit.*, v.21.

FUKS, M. P. "Questões teóricas na psicopatologia contemporânea". In FUKS, L. B. & FERRAZ, F. C. (orgs.) *A clínica conta histórias*. São Paulo: Escuta, 2000.

GANHITO, N.C.P. *Distúrbios do sono* (Coleção "Clínica Psicanalítica"). São Paulo: Casa do Psicólogo, 2001.

GURFINKEL, D. *A pulsão e seu objeto-droga: estudo psicanalítico sobre a toxicomania*. Petrópolis: Vozes, 1996.

_____ *Do sonho ao trauma: psicossoma e adicções*. São Paulo: Casa do Psicólogo, 2001.

HEGENBERG, M. *Borderline* (Coleção "Clínica Psicanalítica"). São Paulo: Casa do Psicólogo, 2000.

HOUAISS, A. & VILLAR, M.S. *Dicionário Houaiss da Língua Portuguesa*. Rio de Janeiro: Objetiva, 2001.

JACCARD, R. *A loucura*. Rio de Janeiro: Jorge Zahar, 1981.

JOSEPH, B. (1971) "Uma contribuição clínica para a análise de uma perversão". In FELDMAN, M. & SPILLIUS. E.B. (orgs.) *Equilíbrio psíquico e mudança psíquica: artigos selecionados de Betty Joseph*. Rio de Janeiro: Imago, 1992.

_____ (1975) "O paciente de difícil acesso". *Op. Cit.*

_____ (1985) "Transferência: a situação total". *Op. Cit.*

JUNG, C.G. (1961) *Memórias, sonhos, reflexões*. Rio de Janeiro: Nova Fronteira, 1984.

KAMIENIECKI, H. *Histoire de la psychosomatique*. Paris: PUF, 1994.

KERNBERG, O.F. "Perversão, perversidade e normalidade: diagnóstico e considerações terapêuticas". *Revista Brasileira de Psicanálise*, 32(1): 67-82, 1998.

LACAN, J. (1959-60) *A ética da psicanálise* (*O Seminário*, livro 7). Rio de Janeiro: Jorge Zahar, 1988.

_____ (1964) *Os quatro conceitos fundamentais da psicanálise* (*O Seminário*, livro 11). Rio de Janeiro: Jorge Zahar, 1985.

LAGACHE, D. (1958) *A psicanálise*. Rio de Janeiro: Difel, 1978.

LALANDE, A. (1926) *Vocabulário técnico e crítico da filosofia*. São Paulo: Martins Fontes, 1999.

LAPLANCHE, J. *Problemáticas I: a angústia*. São Paulo: Martins Fontes, 1987.

LAPLANCHE, J. & PONTALIS, J.-B. (1967) *Vocabulário da psicanálise*. São Paulo: Martins Fontes, 1986.

LASCH, C. *A cultura do narcisismo: a vida americana numa era de esperanças em declínio*. Rio de Janeiro: Imago, 1983.

LIBERMAN, D. et al. *Del cuerpo al simbolo: sobreadaptación y enfermedad psicosomatica*. Buenos Aires: Trieb, 1986.

NORMOPATIA: SOBREADAPTAÇÃO E PSEUDONORMALIDADE   183

LIMA, A.A.S. "A produção paradoxal do nosso tempo: intensidade e ética". In FUKS, L.B. & FERRAZ, F.C. *A clínica conta histórias*. São Paulo: Escuta, 2000.

LINS, M.I.A. "O jogo dos rabiscos: uma aplicação da teoria do jogo de D.W. Winnicott". *Revista Brasileira de Psicanálise*, 24(2):191-210, 1990.

LYOTARD, J.-F. *O pós-moderno*. Rio de Janeiro: José Olympio, 1986.

MANNONI, O. "O divã de Procusto". In McDOUGALL, J. et al. *O divã de Procusto: o peso das palavras, o mal-entendido do sexo*. Porto Alegre: Artes Médicas, 1991.

MARTY, P. (1990) *A psicossomática do adulto*. Porto Alegre: Artes Médicas, 1993.

_____ (1996) *Mentalização e psicossomática*. São Paulo: Casa do Psicólogo, 1998.

MARTY, P. & M'UZAN, M. (1962) "O pensamento operatório". *Revista Brasileira Psicanálise*, 28(1):165-74, 1994.

McDOUGALL, J. (1978a) "O antianalisando em análise". In *Em defesa de uma certa anormalidade: teoria e clínica psicanalítica*. Porto Alegre: Artes Médicas, 1989.

_____ (1978b) "A contratransferência e a comunicação primitiva". *Op. Cit.*

_____ (1978c) "A dor psíquica e o psicossoma". *Op. Cit.*

McDOUGALL, J. (1978d) "Em defesa de uma certa anormalidade". *Op. Cit.*

_____ "Quelles valeurs pour la psychanalyse?". *Revue Française de Psychanalyse*, 52(3):595-612, 1988.

_____ (1989a) "Introdução: o psicossoma e a viagem psicanalítica". In *Teatros do corpo: o psicossoma em psicanálise*. São Paulo: Martins Fontes,1991.

_____ (1989b) "Afetos: dispersão e desafetação". *Op. Cit.*

_____ (1989c) "A desafetação em ação". *Op. Cit.*

MEIRELES, M.M. *Anomia: a patologia social na virada do milênio* (Coleção "Clínica Psicanalítica"). São Paulo: Casa do Psicólogo, 2001.

MEZAN, R. "O psicanalista como sujeito moral". In *Tempo de muda: ensaios de psicanálise*. São Paulo: Companhia das Letras, 1998.

_____ "O inconsciente segundo Karl Abraham". *Psicologia USP*, 10(1):55-95, 1999.

NEMIAH, J. & SIFNEOS, P. "Affect and fantasy in patients with psychosomatic disorders". In *Modern trends in psychosomatic medicine*. London: Butterworth, 1970.

PAINCHAUD, G. & MONTGRAIN, N. "Limites e estados-limite". In *Narcisismo e estados-limite*. Lisboa: Escher, 1991.

ROJAS, M.C. & STERNBACH, S. *Entre dos siglos: una lectura psicoanalitica de la posmodernidad*. Buenos Aires: Lugar, 1994.

SAMI-ALI, M. *Pensar o somático: imaginário e patologia*. São Paulo: Casa do Psicólogo, 1995.

SCHMIDT, M.L.S. *A experiência de psicólogas na comunicação de massa*. Tese de doutorado. São Paulo: Instituto de Psicologia da Universidade de São Paulo, 1987.

SEGRE, M. & FERRAZ, F.C. "O conceito de saúde". *Revista de Saúde Pública*, 31(5):538-42, 1997.

NORMOPATIA: SOBREADAPTAÇÃO E PSEUDONORMALIDADE 185

SHINE, S.K. *Psicopatia* (Coleção "Clínica Psicanalítica"). São Paulo: Casa do Psicólogo, 2000.

SILVA Jr., N. & FERRAZ, F.C. "O psicodiagnóstico entre as incompatibilidades de seus instrumentos e as promessas de uma metodologia psicopatológica". *Psicologia USP*, 12(1):179-202, 2001.

STERIAN, A. *Emergências psiquiátricas: uma abordagem psicanalítica* (Coleção "Clínica Psicanalítica"). São Paulo: Casa do Psicólogo, 2000.

TOCQUEVILLE, A. (1835) "A democracia na América". *Os Pensadores*. São Paulo: Abril Cultural, 1979.

UCHITEL, M. *Neurose traumática: uma revisão crítica do conceito de trauma* (Coleção "Clínica Psicanalítica"). São Paulo: Casa do Psicólogo, 2001.

VELOSO, C. "Janelas abertas nº 2". *Chico e Caetano ao vivo*. Disco Philips, 1972.

VIEIRA, W.C. "A psicossomática de Pierre Marty". In FERRAZ, F.C. & VOLICH, R.M. (orgs.) *Psicossoma: psicossomática psicanalítica*. São Paulo: Casa do Psicólogo, 1997.

VOLICH, R.M. *Psicossomática: de Hipócrates à psicanálise* (Coleção "Clínica Psicanalítica"). São Paulo: Casa do Psicólogo, 2000.

WINNICOTT, D.W. (1960) "Distorção do ego em termos de falso e verdadeiro *self*". In *O ambiente e os processos de maturação: estudos sobre a teoria do desenvolvimento emocional*. Porto Alegre: Artes Médicas, 1990.

_____ (1963) "O medo do colapso (*breakdown*)". In WINNICOTT, C.; SHEPHERD, R. & DAVIS, M. (orgs.) *Explorações psicanalíticas*. Porto Alegre: Artes Médicas, 1994.

_____ (1971) "A criatividade e suas origens". In *O brincar e a realidade*. Rio de Janeiro: Imago, 1975.

Impresso por :

gráfica e editora

Tel.:11 2769-9056